영화 마케팅의 모든 것

영화 마케팅의 모든 것

지은이 : 한순호

1판 1쇄 발행일 : 2015. 11. 20.

펴낸이 : 원형준
펴낸곳 : 루비박스
기획 · 편집 : 허문선 · 신동화
마케팅 : 홍수아
등 록 : 2002. 3. 28. (22-2136)
주 소 : (06628) 서울시 서초구 강남대로 309 코리아비즈니스센터 1101
전 화 : 02-6677-9593(마케팅) 02-6447-9593(편집)
팩 스 : 02-6677-9594
이메일 : rubybox@rubybox.co.kr
블로그 : www.rubybox.kr 또는 '루비박스'
페이스북 : www.facebook.com/rubyboxbooks
인스타그램 : rubyboxbooks

ALL ABOUT MOVIE MARKETING

천만 관객을 위한 10가지 법칙

영화 마케팅의 모든 것

한순호 지음

루비박스

지은이가 워너 브라더스 마케팅 책임자로 청춘을 보내던 시절, 당시 영화 광고를 주업으로 하고 있었던 나와 함께 수많은 작품을 같이 고민하며 씨름했었다. 그때는 직배사 초창기여서 한국 영화시장에 할리우드 마케팅 툴을 효과적으로 접목시키는 것이 곧 세계시장에 편입되는 과정이기도 했다. 지금의 한국 영화시장이 미국영화와 대등한 시장점유율을 획득하게 된 바탕에는 직배사의 마케팅 툴이 기여한 바도 간과할 일은 아니다. 영화 마케팅은 세대의 변화와 매체의 변화가 가장 발 빠르게 적용되는 시험 무대이기도 하다. 그래서 현장의 실무자가 경험한 노하우만이 실전에서 유효한 것이다.

이준익(영화감독)

모두가 아는 척하지만 사실은 아무도 모르는 것이 영화 마케팅이다. 여기에는 정치, 경제와 사회 분위기는 물론, 배우의 작은 사생활, 계절과 날씨까지 챙겨야 하는 세심한 작업이 병행돼야 하기 때문이다. 영화 마케터는 그래서 쉴 틈, 방심할 틈이 없다. 21년 마케터로 일해 온 지은이는 실전 고수다. 이 책 하나면 영화 마케팅에 입문이 가능하다. 사부에게 직접 사사받는 것만큼 확실한 수학법은 없다.

오동진(영화전문기자)

이 책은 그 어디에서도 구할 수 없는 수십 년간의 경험이 토대가 된 값진 수확물이다. 치열한 영화 마케팅 현장에서 체득한 경험을 바탕으로 한 영화 마케팅 실전서로, 영화 마케팅을 알고자 하는 많은 이들에게 알찬 영양분이 될 것이 틀림없다.

채윤희(영화홍보기획사 올댓시네마 대표)

지은이는 영화 마케팅 전문가이다. 금세기 최고의 대중문화콘텐츠인 영화 〈해리 포터〉 시리즈의 마케팅을 담당했고, 워너 브라더스에서 20여 년간 영화마케터로 활약한 지은이의 현장 경험과 전문 지식이 이 책 속에 집약되어 있다. 특히 '흥행 대박을 위한 10가지 법칙'은 실전에 응용 가능한 유용한 팁으로 학생은 물론 마케팅 실무자에게도 좋은 지침서가 될 것이다.

조혜정(중앙대 예술대학원 예술경영학과 교수, 영화 평론가)

연간 2억 명 이상의 관객이 동원되는 '천만 관객 시대'인 지금 산업적 측면에서 영화 마케팅의 중요성은 점차 커지고 있다. 이런 시기에 워너 브라더스사에서 20여 년 동안의 마케팅 경험을 바탕으로 한 영화 마케팅서가 나온 것은, 영화업계에도 반가운 일일 뿐 아니라 미래 영화 마케터를 꿈꾸는 후학에게도 큰 도움이 될 것이다.

오상호(20세기 폭스 코리아 대표이사)

20여 년의 영화 마케팅 노하우를 정리하며

필자가 영화 산업에 처음 발을 들여놓게 된 것은 1992년 미국의 직배사 워너 브라더스 한국 지사에 근무하면서부터이다. 그 후 20여 년 동안 한결같이 영화 마케팅 업무에 종사했다. 영화 마케터로서 지난 시간을 돌아보면 한마디로 긴장과 스트레스의 연속이었다. 영화 흥행을 위해 콘셉트와 제목, 카피를 짜내려고 머리를 싸맸고, 개봉일이 다가올수록 흥행에 대한 불안으로 불면의 밤을 보냈다. 개봉 주말 흥행 성적에 따라 롤러코스터를 타듯 천국과 지옥을 오갔다. 때론 '왜 하필 영화 마케팅을 해서 이 고생을 하나'라며 푸념이 절로 나왔다. 이런 고생 속에서도 20여 년을 버틸 수 있었던 이유는 영화 마케팅 그 자체의 매력 때문이었다. 영화는 잠시나마 고단한 일상에서 벗어날 수 있는 꿈과 환상의 세계다. 그리고 이토록 아름답고 매력적인 세계로 관객을 초대하는 것이 바로 영화 마케팅이다. 흥행에 대한 압박감은 컸지만 마케팅을 맡은 영화가 대박이 나고, 관객이 영화를 보며 울고 웃을 때 느끼는 희열은 오로지 영화 마케팅에서만 맛볼 수 있는 성취감이었다.

돌아보면 한국의 영화 산업은 지난 세월 동안 괄목할 정도로 성장했다. 1990년대 중반까지 한국영화는 여러 면에서 할리우드영화에 한참 뒤처져 있었지만 오늘날은 국내 영화 시장의 50% 이상 점유할 정도로 강한 경쟁력을 가지게 되었다. 2015년 여름에는 〈베테랑〉, 〈암살〉 두 편의 한국영화가 천만 관객을 돌파하며 한국영화의 위상을 보여주었다. 대부분의 다른 나라에서 할리우드영화가 득세한다는 사실을 상기한다면 한국영화가 키워낸 경쟁력을 새삼 느낄 수 있다. 그러나 영화 산업이 성장하면서 영화 간의 경쟁이 치열해지고, 제작비도 급상승하게 되었다. 무엇보다도 국내의 영화 제작과 외화의 수입이 늘어나 한 해 개봉되는 영화가 천 편을 넘어섰고 경쟁은 극에 달한 실정이다. 이런 치열한 경쟁 속에서 그 어느 때보다도 영화 마케팅이 중요한 시점이 되었다.

한국영화업계는 변변한 영화 마케팅 전문서도 없이 한 해 2억 명 이상의 관객을 극장으로 불러들이고 있다. 영화 시장은 점차 커지고 있고 마케팅의 중요성 역시 시장 확대에 발맞추어 대두하고 있다. 이제는 영화 산업의 발전을 위해 마케팅 전문서가 필요한 때라고 생각한다. 영화 산업에 오랫동안 몸담았던 전문가들이 영화 산업의 발전을 위해 자신들의 노하우를 정리하여 공유할 때가 되었다. 필자는 지난 20여 년 동안 〈매트릭스〉, 〈다크 나이트〉, 〈인셉션〉, 〈사랑할 때 버려야 할 아까운 것들〉, 〈버킷 리스트〉 등 수많은 영화를 마케팅했다. 특히 전 세계적으로 흥행에 성공한 〈해리 포터〉는 무려 10년에 걸쳐 전 시리즈를 마케팅했다는 자부심도 가지고 있다. 이제는 영화 마케팅의 최첨단이라 할 수 있는 할리우드 메이저 영화사에서 배운 경험과 노하우를 정리해야 할 때라고 생각한다.

《영화 마케팅의 모든 것》은 할리우드 메이저 영화사에서 배우고 실행해 온 경험을 두 개의 파트로 나누어 풀어내었다. 1부 '영화 마케팅 실전'은 영화 마케팅 실무에 해당하는 시장 조사, 크리에이티브 콘셉트, 광고, 홍보, 프로모션, 시사회 등을 세부적으로 정리했다. 할리우드 마케팅 기법을 바탕으로 이론과 실제 사례를 결합하여 이해하기 쉽도록 설명했다. 2부 '흥행 대박을 위한 10가지 법칙'은 마케팅 이론과 경험을 바탕으로 흥행 법칙을 만들어 본 것이다. 이 책은 영화 마케팅 현장에서 체득한 실전 경험을 바탕으로 한 최초의 영화 마케팅서이다. 그동안 별다른 지침서도 없이 망망대해를 헤매던 영화산업 종사자, 대학의 영상 관련 학과 학생, 특히 영화 홍보 마케팅 분야에 진출하고자 하는 후학들에게 이 책이 도움이 되리라 믿는다.

그리고 이 책을 쓰는 데 도움을 준 여러 사람에게 감사를 표한다. 우선 영화 마케팅의 희비를 함께한 워너 브라더스 직원들에게 감사의 말을 전하고 싶다. 영화 비즈니스 속성상 성공보다 실패가 더 많았지만 어려울 때마다 서로를 격려하며 함께했다. 그리고 홍보에 관한 자료를 제공한 올댓시네마의 김태주 실장과 디지털 마케팅에 관한 많은 자료와 정보로 도움을 준 온라인 홍보대행사 지니스의 이진성 국장에게 감사한다. 마지막으로 어릴 적 영화라는 마법의 세계를 처음으로 접하게 해주신 어머니께 감사드린다.

PART 1
영화 마케팅

ALL ABOUT
MOVIE
MARKETING

영화 마케팅이 왜 중요한가?

오늘날 영화는 대표적인 대중오락 매체다. 2013년 전체 관객 수가 2억 명을 돌파하면서 우리나라는 연간 1인당 4.17편의 영화를 관람하는 나라가 되었다. 이는 영화의 종주국인 미국을 제치고 전 세계에서 가장 높은 1인당 관람 편수이다. 또한 2015년 여름에는 〈암살〉, 〈베테랑〉이 각각 천만 관객을 달성했다. 일천한 영화 시장이 이렇게 급성장할 수 있었던 것은 영화의 양질화와 멀티플렉스의 대중화 덕분이었다. 그러나 영화 시장의 급성장은 영화 간에 치열한 경쟁으로 이어졌고 이로 인해 제작비가 상승하면서 엔터테인먼트 산업의 속성인 고위험의 문제가 대두되었다. 특히 극장이 디지털화됨에 따라 영화의 라이프 사이클이 점차 짧아져서 흥행에 실패했을 때 이를 회복할 시간적 여유가 없어졌다. 따라서 영화 마케팅의 중요성은 과거에 비해 현저하게 높아지고 있다.

영화산업에서 마케팅의 중요성을 알려주는 대표적인 사례가 영화

〈해운대〉이다. 재난 영화는 우리나라 관객들이 가장 선호하는 장르 중 하나다. 대표적인 재난 영화는 기상 변화를 그린 〈투모로우〉, 혜성의 지구 충돌을 그린 〈아마겟돈〉, 〈딥 임팩트〉, 화산 분출을 그린 〈볼케이노〉, 뒤집힌 유람선에서 고군분투하는 〈포세이돈〉, 미국 서부를 강타한 지진을 다룬 〈샌 안드레아스〉 등이 있다. 제임스 카메론 감독의 〈타이타닉〉 또한 어떤 면에서는 재난 영화에 속한다. 재난 영화에 관객이 열광하는 이유는 자연의 재난 속에서 이를 극복하려는 인간의 의지와 용기, 그리고 가족애 등이 있기 때문이다. 또한 특수효과를 이용하여 재현해낸 거대 규모의 재난들은 관객의 시각적 쾌감을 자극한다. 그동안 재난 영화는 할리우드의 전속물이라 해도 과언이 아니었다. 재난 영화는 막대한 제작비와 재난을 생생하게 재현할 수 있는 고도의 기술력이 필요하기 때문이다. 그러나 국내 영화 시장이 점차 커지고, 특수 효과 기술이 발전하면서 한국에서도 재난 영화에 도전할 수 있게 되었다.

영화 〈두사부일체〉, 〈색즉시공〉, 〈1번가의 기적〉 등 짜임새 있는 스토리와 개성 있는 캐릭터로 주목을 받던 윤제균 감독은 '해운대에 거대한 쓰나미가 밀려온다면'이라는 컨셉으로 한국 최초의 대형 재난 영화를 기획했다. 순 제작비 130억 원이 소요되는 당시로는 초특급 프로젝트였다. 2009년 5월, 거대한 쓰나미가 해운대를 덮치는 장면을 담은 티저 예고편을 공개했다. 첫 티저 예고편을 접한 언론은 한국의 기술력을 감안한 긍정적인 평을 내렸다. 그러나 얼마 후 〈2012〉 예고편이 공개되면서 〈해운대〉에 대한 시장 분위기는 180도 바뀌었다. 〈2012〉는 마야력에 예언된 인류 종말의 해인 2012년을 대상으로 한 재난 영화로 해일, 지진, 화산 폭발 등 재난의 '종합 선물 세트'라 해도 과언이 아닐 정도였다. 특히

〈2012〉의 첫 티저 예고편은 거대한 해일이 5천 미터 이상의 히말라야 산맥을 넘어오는 압도적인 광경을 보여주었다. 이 티저 예고편이 온라인에 노출되자 〈해운대〉의 티저 예고편은 아이들 장난처럼 초라해 보였다. 이에 〈해운대〉의 배급사는 '올 여름, 거대한 쓰나미가 대한민국을 덮친다'라는 스케일과 특수 효과를 강조한 마케팅 전략을 '쓰나미도 휩쓸지 못한 그들의 이야기가 시작된다'라는 인간의 용기와 감동을 강조한 드라마와 캐릭터 중심의 마케팅 전략으로 전면 수정하였다.

〈해운대〉는 다양한 캐릭터의 감동적인 이야기와 윤제균 감독 특유의 유머 코드가 입소문(word-of-mouth)을 타 1,145만 명의 관객을 동원하면서 2009년 최고 흥행작이 되었다(이전 천만 관객 영화가 사회적, 정치적 이슈를 주제로 한 영화인 데 반해 〈해운대〉는 최초로 상업적인 코드로 천만 관객을 동원한 영화이다). 이에 반해 〈2012〉는 국내에서는 546만 명의 관객을 동원하는 데 그쳤다. 만약 〈해운대〉의 배급사가 스케일과 특수 효과에 치중한 전략을 고집하였다면 어떤 결과가 나왔을까? 아마 천만 관객의 영화가 되기는 어렵지 않았을까 생각한다. 〈해운대〉의 마케팅 전략 수정은 영화 흥행에 결정적 영향을 미친 것이다.

오늘날 영화 시장은 치열한 경쟁이 벌어지고 있으며, 영화는 투자 손실 가능성이 큰 고위험군 상품이다. 게다가 영화의 라이프 사이클이 점점 짧아지고 있기 때문에 영화 마케팅의 역할은 이전보다 훨씬 더 중요해지고 있다. 개봉 첫 주말 흥행에 성공하지 못할 경우 이를 회복할 방법이 없는 긴박한 상황에서 영화 마케팅은 영화의 생명을 좌우하는 중요한 요소이다.

스케일을 강조한 〈해운대〉 포스터

캐릭터를 강조한 〈해운대〉 포스터

영화 비즈니스 3대 요소

영화

영화 비즈니스에서 '영화'라 함은 흥행을 목적으로 제작되어 극장에서 상영되는 영화를 말한다. TV나 케이블에서 상영할 목적으로 만든 영화(made for TV or cable), 개인이 취미로 만든 영화, 커뮤니티에서 돌려 볼 목적으로 만든 영화는 영화 비즈니스에서 말하는 '영화'에서 제외된다.

영화는 제작 규모에 따라 상업 영화, 독립 영화로 나뉜다. 상업 영화는 기획 당시부터 상업적 흥행을 목적으로 상당한 제작비와 마케팅비를 투자한 일반적으로 극장에서 상영되는 영화를 말한다. 이에 반해 독립 영화는 기존 상업 자본에 의지하지 않고 창작자의 의도에 따라 제작된 영화이다. 기존의 상업 자본에 의존하지 않다 보니 제작비가 현저히 적어서 저예산 영화라고도 불린다. 할리우드에는 워너 브라더스, 파라마운트, 20세기 폭스와 같은 메이저 스튜디오의 자본에 의지하거나 통제를 받지 않고 감독의 의향대로 영화를 제작하는 인디 계열의 영화사들이 있다. 이들은 대자본의 통제를 받지 않기 때문에 대규모 영화사들이 다룰 수 없는 폭력, 성, 정치 · 사회적 이슈를 과감히 다루는 경우가 많다. 상업 영화는 극장 체인을 통해 배급되는 반면에 독립 영화는 독립 영화 상영관을 통해 배급된다. 독립 영화로 흥행에 성공한 국내 사례로는 130만 명의 관객을 동원한 〈영화는 영화다〉가 있다. 또한 독립 영화 계열에 속하는 다큐멘터리 영화가 있다. 다큐멘터리 영화는 상업적 흥행을 기대하지 않지만 간혹 상업적으로 성공하는 경우가 있다. 할아버지와 소의 관계를 그린 〈워낭소리〉는 296만 관객을 동원했으며, 남수단 작은 마을 톤즈에서 헌신적인 의료봉사를 했던 고 이태석 신부의 삶을 그린 영화 〈울지마 톤즈〉는 44만 관객을 동원했다. 노부부의 애틋한 사랑을 그린 〈님아, 그 강을 건너지 마오〉는 480만이라는 놀라운 관객 수를 기록하여 일반 블록버스터급 상업 영화 이상의 결과를 보여주었다. 외화의 경우 부시 정권의 이라크 전쟁을 비판한 〈화씨 9/11〉도 흥행에 성공했다.

아래 도표에서 보는 바와 같이 2010년 이후 개봉작이 급증하여 2014년에는 1,095편의 영화가 개봉되었다. 매주 21편의 영화가 개봉하는 셈이

연도	2008	2009	2010	2011	2012	2013	2014
한국영화	108	118	140	150	175	183	217
외국영화	272	243	286	289	456	722	878
계	380	361	426	439	631	905	1,095

연도별 상영 영화 편수

출처: 영화진흥위원회 2014년 한국영화산업 결산

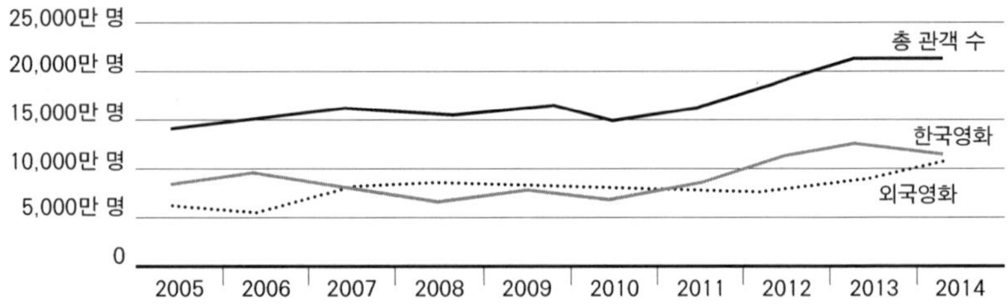

2005-2014년 한국영화 vs 외국영화 극장 관객 수 추이

출처: 영화진흥위원회 2014년 한국영화산업 결산

다. 개봉작 수가 급증하게 된 까닭은 두 가지 이유 때문이다. 첫째는 2010년 이후 극장의 상영 방식이 35밀리미터 프린트 방식에서 디지털 방식으로 급격히 전환했기 때문이다. 디지털 방식에서는 영화 상영을 자유롭게 조절할 수 있기 때문에 더 많은 영화를 상영할 수 있다. 둘째는 2010년 이후 VOD 서비스와 IPTV의 활성화로 VOD와 IPTV용 영화가 대거 수입되었기 때문이다. 이 영화들은 수익을 올리기 위한 방법으로 '극장 개봉작'이라는 타이틀을 얻기 위해 아주 적은 스크린에서 상영한다.

2003년부터 급속한 신장을 보이던 한국영화는 2006년에 봉준호 감독의 〈괴물〉이 1,300여만 명의 관객을 동원하고 한국영화 관객점유율 63.8%(한국영화 총 관객수 9,800만 명)을 기록하면서 정점을 찍는다. 이후 2007년부터 불황기에 접어들었다. 한국영화산업은 2003년 이후 불어닥친 한국영화 흥행 붐으로 인해 투기적 자본이 유입되면서 치밀한 기획에 공을 들이기보다 코스닥 상장을 통한 자본 게임에 몰두하였다. 무조건 몸집 불리기에 집중한 결과 부실한 시나리오를 바탕으로 '일단 찍고 보자'는 식의 제작이 이루어지게 되었다. 당시 영화산업계의 한 담당자는 '이전에는 쳐다보지도 않았던 부실한 시나리오도 쉽게 영화화 된다'며 투기적 자본이 시장을 망친다고 개탄했다. 그 결과 부실한 영화들이 제작되었고 이는 관객의 외면으로 이어졌다. 이후 2011년까지 한국영화 관객 수는 6천만 명에서 8천만 명대 수준에 머물렀고, 외국영화를 합친 전체 관객 수도 1억 5천만 명 수준을 넘어서지 못하였다. 이 기간 동안 한국영화 평균 제작비는 감소 추세에 있었고, 투자수익률도 적자를 기록하였다. 이러한 침체 분위기는 2011년도에 이르러서야 회복의 조짐을 보이기 시작한다. 이해에 〈최종병기 활〉, 〈써니〉, 〈완득이〉 등의 작품이 500만 명 이상의 관객을 동원하면서, 한국영화 점유율도 다시 50%를 넘어섰고, 전체 관객 수도 1억 6천만 명에 육박하였다. 그리고 2012년도 에는 한국영화 관객 수가 전년 대비 38% 늘어난 1억 1,400만 명, 전체 관객 수는 약 1억 9,500만 명에 이르렀다. 2007년 이래 적자 상태에 놓여 있었던 한국영화 제작 · 투자수익률도 이 해에 흑자로 돌아서면서, 2012년을 기점으로 한국영화 제작 · 투자업계는 불황의 그늘을 벗어난 것으로 평가한다.

2007~2011년 침체기는 한국영화계에 암울한 그림자만 던진 것은 아니었다. 이 기간을 거치면서 한국영화 제작 · 투자업계 내에서는 기획은 치밀하게 하고 제작관리 시스템은 효율적으로 운영하는 관행이 정착되었다. 대중의 사회, 문화적 기호가 잘 반영된 작품이 합리적 예산으로 제작되어 관객과 만나게 됨으로써 2012년도부터 한국영화산업은 성장의 가도에 들어설 수 있게 된 것이다.

국내에 상영되는 영화는 한국영화와 할리우드 중심의 미국영화가 주를 이루며 그 외에 유럽과 제3세계 영화가 수입되고 있다. 영화의 흥행 수입의 대부분은 한국과 미국의 메이저 영화사가 차지하고 있다. 2014년

구분	2008	2009	2010	2011	2012	2013	2014
총 매출액	2,008	2,458	2,634	2,939	4,385	5,018	3460
총 비용	3,556	2,829	2,960	3,447	3,869	4,396	3449
총 이익	-1548	-371	-326	-508	516	621	12
투자수익률(%)	-43.5	-13.1	-11.0	-14.7	13.3	14.1	0.3

2008-2013년 한국영화 투자수익률(단위: 억 원)
출처: 영화진흥위원회 2014 한국영화산업 결산

영화의 관객점유율을 보면 개봉작 기준시 한국영화가 49.1%, 미국 영화(직배 영화 포함)가 46.8%를 차지해 전체 95.9%를 점유했다. 유럽과 제3세계 영화는 4.1%에 불과해 영화의 다양성 부분에서 편식 현상이 두드러짐을 알 수 있다.

관객

영화산업에서 관객은 소비자이다. 2000년 초반 7천만 명 수준이었던 관객 수가 2013년 기준 2억 명을 돌파하면서 3배가 넘게 증가하였다. 특히 1인 평균 관람 편수가 4편을 넘으면서 미국을 제치고 세계 최고가 되었다. 2014년 인구 1인당 연평균 극장 관람 횟수는 4.19회다. 영국의 문화콘텐츠산업 조사 기관인 스크린 다이제스트 자료에 의하면 2012년 인구 1인당 연평균 극장 관람 횟수는 싱가포르가 4회, 미국 3.9회, 호주 3.7회, 그리고 프랑스가 3.4회이다.

과거 영화관이 시내 중심가에 있던 시절에는 18세 대학생에서 35세

연도	2009	2010	2011	2012	2013	2014
전국	15,696	14,918	15,972	19,489	21,335	21,506
증감율(%)	4.1	-5.0	7.1	22.0	9.5	0.8
1인당 관람 횟수	3.15	2.92	3.15	3.83	4.17	4.19

연도별 관람객 수 및 1인당 관람 횟수(단위: 만 명)

출처: 영화진흥위원회 2014 한국영화산업 결산

미만의 직장인, 특히 미혼 여성 직장인이 주요 관객이었다. 그러나 90년대 말 멀티플렉스의 등장으로 극장의 접근이 용이해지자 관객층은 좀 더 다변화되었다. 서울극장, 피카디리, 단성사와 같이 한 개의 스크린을 가진 종래의 단관극장에서 벗어나 멀티스크린을 보유한 멀티플렉스가 주거지역까지 확대되자 가족 관객, 주부 관객, 장년 관객으로 관객층이 넓어졌다. 관객층의 확대는 영화 관객 2억 명 도달의 원동력이 되었다.

영화 관객층을 분석해보면 다음과 같이 분류할 수 있다.

1) 가족 관객Family audience

가족 관객은 5세에서 11세까지의 미취학 아동과 초등학생, 그리고 부모 관객으로 이루어진다. 가족 관객의 영화 결정권은 대개 부모에게 있으며, 비폭력적이고 교육적인 영화를 선택한다. 일반적으로 애니메이션 영화와 교육적 내용을 담고 있는 다큐멘터리 영화를 선호하는 편이다. 예매 비중이 높으며 아이를 동반하기 때문에 주중 평일보다 주말을, 그리고 저녁 이전 시간대를 선호하는 관람 패턴을 보인다. 특히 방학 시즌에 가족 관객의 영화 관람이 증가한다. 가족 관객은 과거에는 아주 미미했으나 멀티플렉스로 인해 영화 관람이 용이해지고 젊은 부모들이 자녀에게 문화적 체험 기회를 제공하고자 하는 욕구가 강해짐에 따라 증가하는 추세이다.

2) 청소년 관객Teen audience

미국에서 청소년 관객은 주요 관객층의 하나다. 청소년을 대상으로 한 공포, 코미디, 판타지 영화가 활발히 제작되고 있다. 그러나 우리나라에서는 입시 부담으로 인해 청소년 관객이 중요한 비중을 차지하지 않는다. 청소년 관객은 다른 관객층에 비해 집단 관람 형태를 보이며 스트레스 해소에 도움이 되는 액션, SF, 공포, 판타지 장르의 영화를 선호한다. 입소문, SNS 등에 영향을 많이 받으며 특히 한국영화의 경우 유명 배우 출연에 적극적인 반응을 보이는데 대표적인 예가 김수현 주연의 〈은밀하게 위대하게〉이다.

3) 성인 관객Main movie-goers

18세에서 30대 중반 연령의 관객으로 영화를 가장 많이 소비하는 계층이다. 대학생, 직장인이 주를 이루며 미혼인 경우가 대부분이다. 성인 관객은 자기 주관이 강하여 독자적인 판단에 의해 액션, 드라마, 사극, 코미디, SF 등 다양한 장르의 영화를 소비한다. 또한 영화 개봉 시 첫 주말에 극장에 오는 관객이기 때문에 영화의 흥행은 이 관객층에 달려있다고 해도 과언이 아니다. 따라서 대부분의 상업 영화의 마케팅은 성인 관객을 타깃으로 삼고 이루어진다.

4) 주부 관객Housewives audience

30대 후반에서 40대 중반의 주부 관객(일명 아줌마 관객)은 우리나라만의 독특한 특징이라 할 수 있다. 주부 관객은 집단 관람의 형태를 취하고 있으며 입소문에 영향을 많이 받는다. 주말 관람을 선호하는 다른 관객층과 달리 주중 오전에서 이른 오후까지의 시간대를 선호한다. 한국영화를 주로 관람하며 성적 코드가 강한 드라마, 사극, 코미디를 선호한다.

5) 중장년 관객Older audience

과거 40대 이상의 중장년 관객은 영화를 가장 보지 않는 계층으로 분류되었다. 그러나 멀티플렉스의 확장과 주 5일제 근무 등으로 중장년 관객이 증가하고 있다. 중장년 관객은 개봉 첫 주말에 극장에 나오는 선두 관

관객	연령대	특징	선호 장르
가족 관객	5-11, 부모	• 관람 결정권 : 부모 〉 아이 • 요일과 계절 영향이 큼 : 주말, 방학 • 최근 급증세를 보임	애니메이션, 교육, 다큐
청소년 관객	12-17	• 집단 관람 형태를 보임 • 입소문, SNS, 스타에 영향을 받음	액션, SF, 공포
성인 관객	18-39	• 주 관객층(major movie-goers) • 독자적인 판단에 따라 영화 선택	전 장르
장년 관객	40세 이상	• 사회적 이슈나 흥행 성공작에 대한 추격 관람 • 입소문에 민감	드라마, 사극 (한국영화 선호)
주부 관객	35세 이상	• 집단 관람 형태를 보임 • 성적 코드의 영화 선호 • 입소문에 민감	드라마, 코미디, 사극 (한국영화 선호)

관객층(소비자) 분석

객이라기보다 입소문 등으로 흥행이 확인된 영화를 선택하는 추격 관람의 형태를 취한다. 선호하는 영화는 사회적 이슈를 담은 한국영화이다. 〈부러진 화살〉, 〈변호인〉 등은 중장년 관객의 적극적인 관람으로 흥행에 성공했다. 이들이 움직여야 비로소 천만 관객의 영화가 될 수 있다.

극장

극장은 영화를 유통하는 곳으로 소비자(관객)가 상품(영화)을 거래하는 장소이다. 멀티플렉스 출현 이전에 우리나라 극장은 개인 소유의 단관 형태로 주로 시내 중심가에 위치하여 접근이 용이하지 않았으며 시설과 서비스 면에서 열악하였다. 1998년 CJ그룹이 호주의 극장 체인인 빌리지 로드쇼와 합작으로 CGV 강변점을 연 이후 롯데시네마, 메가박스와 같은 대기업이 극장 유통에 참여하면서 멀티플렉스의 시대가 열렸다. 대기업 중심의 멀티플렉스는 다양한 영화를 관람할 수 있는 여러 스크린과 개선된 서비스, 그리고 복합 쇼핑몰에 위치함으로써 다양한 문화적 혜택을 제공하였다. 특히 상업지구 중심에서 주거지까지 상권을 넓히며 다양한 관객층을 흡수하여 영화 관객 증가에 절대적인 기여를 하였다.

그러나 대기업 중심의 멀티플렉스가 영화 시장을 장악하자 관객의 증가라는 긍정적인 결과뿐만 아니라 스크린 독점이라는 부정적인 영향도 함께 발생했다. 흥행성이 높은 영화에 집중적으로 스크린을 배정하는 스크린 독점으로 인해 중소 영화의 설자리가 점차 좁아지고 있다. 대표적인 사례로 2013년에 개봉한 〈은밀하게 위대하게〉는 전국 2,081개 스크린 중 절반이 넘는 1,341개 스크린을 확보하였다. 이러한 블록버스터급 영화의 스크린 독점은 중소 영화의 흥행을 위협하고 있으며 결과적으로 관객의 다양한 영화를 선택할 권리를 침해한다. 독립 영화 〈터치〉의 민병훈 감독이 대기업 영화관들이 상영관을 제대로 내주지 않았다며 개봉 일주일 만에 스스로 조기 종영한 사건이 대표적인 사례이다.

앞의 표에서 보는 바와 같이 CGV, 롯데시네마, 메가박스와 같은 대형 극장 체인이 전체 좌석 점유율의 91.6%를 차지하면서 극장 체인 계열이 아닌 극장은 점점 설 자리를 잃어가고 있다.

극장	스크린 수	좌석 수	좌석 점유율(%)
CGV	948	153,647	41.2
롯데시네마	698	116,684	31.3
메가박스	452	71,374	19.1
기타	183	29,464	8.4
Total	2,281	372,361	100

극장 체인별 스크린 수(2014년 기준)

출처: 영화진흥위원회 2014년 한국영화산업 결산

영화 소비자(관객) 조사

한 편의 영화를 위한 관객의 투자는 2시간 정도의 시간과 티켓 값에 그치지 않는다. 상영 시간까지 기다리는 시간과, 영화를 본 후에 커피를 마시거나, 식사를 하는 등의 활동 전체를 고려해야 한다. 일반적으로 관객은 최소 3~4시간 이상의 시간과 2인 기준 3~4만 원 이상의 비용을 투자한다. 이 외에도 다른 오락 매체와의 기회비용 등을 고려해야 한다. 따라서 한 편의 영화를 본다는 것은 간단한 결정이 아니다. 그러므로 관객을 잡기 위해서는 관객이 어떤 소비 형태를 보이는가를 아는 것이 중요하다. 2012년 영화 소비자 조사에 따르면 우리나라 영화 관객의 소비 형태는 다음과 같다.

영화 선정 시 고려 사항

관객이 영화 한 편을 선정할 때는 장르, 영화 내용, 배우, 감독, 입소문, 흥행 성적 등을 고려한다고 한다. 우선순위를 살펴보면 영화 내용(92.6%)이 가장 높고 장르(81.8%), 배우(77.1%), 주변인의 평가(71.2%), 흥행 성적 및 순위(57.0%), 감독(38.2%), 전문가 평(37.6%) 등으로 나타났다(위의 조사는 복수 응답을 바탕으로 한 조사이다).

조사 결과 매력적이고 호기심을 자극하는 스토리가 관객의 관심을 끌었다. 따라서 단순하면서도 흥미와 호기심을 유발할 수 있는 줄거리가 중요하다. 의외로 전문가의 평은 고려 순위가 낮았다. 이 결과는 일반 관객과 전문가의 시각에 큰 차이가 있음을 보여준다.

영화 선택 시 영화 정보 취득 경로

관객은 어떻게 영화에 관한 정보를 습득하는가 하는 취득 경로 조사를 보면 인터넷(51.1%), TV(21.9%), 주변인(16.3%), 극장 예고편(5.2%), 영화 포스터나 전단지 등(3.9%), 신문(1.2%), 잡지(0.6) 순으로 나타났다.

조사 결과 인터넷 시대답게 인터넷을 통한 영화 정보 습득률이 가장 높고, 그 다음으로 TV(케이블 포함)가 중요한 매체임이 드러났다. 또한 디지털 시대에 신문, 잡지와 같은 인쇄 매체의 영향력은 급속히 감소했음을 보여준다.

주요 매체별 영화 정보 취득 세부 경로

주요 매체별 영화 정보 취득 세부 경로를 살펴보면, TV는 지상파 영화 정보 프로그램, 신문은 종합 일간지 기사, 잡지는 영화 전문지 기사, 인터넷은 포털 사이트 뉴스 섹션에서 영화 정보를 가장 많이 취득하는 것으로 나타났다.

TV·케이블의 경우 지상파 영화 정보 프로그램(41.1%), 지상파 보도 프로그램(18.1%), 지상파 연예 프로그램(17.5%), TV 광고(15.7%), 케이블·위성 TV 영화 채널 영화 정보 프로그램(4.2%), 케이블·위성 TV 영화 채널 연예 프로그램(3.3%) 순이다.

신문의 경우 종합 일간지 기사(62.8%), 스포츠 일간지 기사(20.9%), 신문 광고(10.5%), 무가지 기사(5.8%) 순이다.

인터넷의 경우 포털 사이트 뉴스 섹션(36.8%), 포털 사이트 영화 섹션(33.3%), 극장 사이트(12.6%), 블로그·개인 홈페이지(7.6%), 영화 전문 사이트(2.9%), 티켓 예매 사이트(2.9%), SNS(2.3%), 기타(1.5%) 순으로 나타났다. 조사 결과 네이버, 다음과 같은 포털 사이트의 영향력이 가장 크며, CGV와 같은 극장 사이트 영향력도 만만치 않았다. 기대와 달리 영화 정보 취득 세부 경로로써 SNS의 영향력은 미미하게 나타났다. 잡지의 경우 영화 전문지 기사(65.2%), 시사지 기사(15.2%), 취미·생활·문화지 기사(10.9%), 영화 패션지 기사(8.7%) 순이다.

영화 관람 동반자

관람 인원에 따른 분류를 하면 2인이 함께 보는 관람이 70.6%, 3인 이상이 보는 관람이 22.9%, 혼자서 영화를 관람하는 1인 관람이 6.5%이다. 1인 관람의 형태가 서서히 증가 추세를 보이는 반면 2인 관람이 감소하고 있다.

영화 관람 시 동반자는 배우자(33.3%), 동성 친구(21.4%), 연인(12.6%), 자녀(12.2%), 이성 친구(9.3%) 순이다. 영화 관람 시 남성은 배우자, 여성은 동성 친구와 함께 가장 많이 보는 것으로 조사되고, 10대 후반과 20대 초반은 동성 친구, 20대 후반은 연인, 30대 이상은 배우자와 함께 보는 비율이 높았다.

극장 관람 시 영화 선택 시점

영화진흥위원회 영화 소비자 조사에 의하면 극장 관람 시 영화 선택 시점이 대부분 극장에 가기 전이지만, 20대 초반 남성은 극장에 가서 결정하는 경우가 상대적으로 높았다고 한다. 관객 전체로 볼 때 94.4%의 관객이 사전에 관람할 영화를 결정하고, 5.6%정도만 당일 극장에 가서 결정한다고 하였다. 그러나 필자가 근무했던 워너 브라더스의 출구 조사 데이터에 의하면 70~80% 정도가 사전에 영화를 결정하고 나머지 20~30%가 극장에 가서 볼 영화를 결정하는 것으로 나타났다. 시간이 있는데 마땅히 할 일이 없을 때 극장에 가서 볼 영화를 결정하는 관람객층도 상당히 있는 것으로 보인다.

극장 선택 기준

극장 선택 시 고려사항을 보면 위치(인접성)(48.3%), 접근성(18.1%), 설비(11.3%), 할인 및 마일리지 서비스 적용 여부(5.1%), 부대·편의시설(5.1%) 순이다. 인접성과 접근성이 가장 높게 나왔다는 사실은 극장의 위치가 극장 선택에 중요한 부분임을 시사한다. 특히 가족 영화의 경우 극장 위치가 극장을 선택하는 가장 중요한 기준이다. 최근에는 아이맥스나 4D 상영이 늘면서 극장 설비에 대한 고려가 늘어나고 있다.

마케팅 관점에서 본
영화의 특징

경쟁이 치열한 상품이다

영화진흥위원회가 제출한 2014년 한국영화산업 결산보고서에 따르면 한국영화, 외화 포함 총 1,095편의 영화가 극장에서 개봉하였다. 일 년을 52주라 한다면 매주 평균 약 21편의 영화가 개봉했다는 이야기다. 물론 1,095편에는 상업성이 적은 독립 영화, 다큐멘터리 영화와 IPTV나 온라인용 영화가 포함되었지만 그렇다고 해서 경쟁률이 낮아지지는 않는다.

일반적으로 영화의 성수기라 할 수 있는 방학 시즌에는 1등에서 3등까지의 영화만이 생존할 수 있고 흥행 순위 4등 이하의 영화는 생존하기 힘들다. 비수기에는 경쟁이 더 심해져서 개봉 주에 박스오피스 1위 영화가 아니면 흥행이 어려운 실정이다.

라이프 사이클이 지극히 짧다

영화는 보통 아이디어에서 시나리오 개발, 투자사 확보, 촬영 및 후반 작업을 거쳐 극장에 개봉되기까지 평균 2년 이상의 시간이 걸린다. 이렇게 오랜 시간이 걸린 영화라도 치열한 경쟁 때문에 극장에서의 생명은 일반 상품에 비해 지극히 짧다. 상업적으로 대성공한 영화라 하더라도 2개월 이상 극장에서 상영되기 힘들다.

특히 상영초기 대규모 상영관을 확보하는 와이드 릴리스 방식(wide release)의 배급형태가 증가하면서 상영 기간이 점점 짧아지고 있다. 또한 많은 새로운 영화들이 매주 개봉되다 보니 조금이라도 관객이 들지 않는 영화는 가차 없이 극장에서 내린다. 예를 들어 목요일에 개봉한 영화가 목요일, 금요일 관객이 저조하면 주말에는 극장에서 사라지게 되거나 소위 '퐁당퐁당' 또는 '교차 상영'이라는 방식으로 상영 횟수를 줄인다.

영화의 라이프 사이클이 점점 짧아지는 결정적인 원인은 디지털 방식의 영화 상영이다. 과거 35밀리미터 필름 방식의 영화 상영 때에는 기술적인 문제로 한 상영관에서 한 편의 영화만이 상영이 가능했지만 디지털 방식은 한 상영관에서 여러 편의 영화 상영을 가능케 한다. 상영 방식이 자유로워지자 흥행이 안 되는 영화는 상영관을 온전히 확보하기 어렵다.

짧은 라이프 사이클 때문에 개봉 초반의 흥행 성적이 중요해지자 마케팅 코스트가 증가했다. 영화는 관객의 입소문이 가장 중요한 흥행 요소인데 짧은 상영 기간 때문에 이를 기대하기 어려워지자, 개봉 전 막대한 광고와 홍보에 집중하게 되었다. 심지어 제작비가 적은 영화에서는 마케팅 비용을 제작비의 40%까지 집행하였으며, 일반적인 경우에도 최소 제

연도	제작비(%)	마케팅비(%)	총 제작비
2009	30.3(59.1)	21.0(40.9)	51.3
2010	27.2(64.9)	14.7(35.1)	41.9
2011	32.5(67.6)	15.6(32.4)	48.1
2012	30.4(65.0)	16.4(35.0)	46.8
2013	40.4(70.4)	17.0(29.6)	57.4
2014	43.8(74.2)	15.2(25.8)	59.0

연도별 한국 상업 영화 개봉작 평균 제작비와 마케팅비(단위: 억 원)
출처: 영화진흥위원회 2014 한국영화산업 결산

작비의 30% 이상의 마케팅 비용이 발생하게 되었다.

고위험 사업이다

영화 시장이 점점 커짐에 따라 영화의 제작비도 천정부지로 치닫고 있다. 과거에는 상상도 하지 못할 제작비가 투자되면서 위험도 또한 점점 높아지고 있다. 영화 〈마이웨이〉는 한국영화 역사상 최고의 제작비를 기록하였다. 순 제작비 280억 원에 P&A(프린트와 광고·홍보비)를 포함하여 총 350억 원을 소요하였다. 〈태극기 휘날리며〉 강제규 감독의 7년 만의 복귀작으로 장동건, 오다기리 조, 판빙빙 등 한·중·일을 대표하는 배우들의 출연으로 화제를 모은 대작이다. 영화의 손익분기점에 도달하려면 최소 천만 명이라는 관객을 동원해야 했다. 그러나 안타깝게도 영화 〈마이웨이〉는 214만 명에 불과한 초라한 성적을 보이고 막을 내렸다. 티켓당 3,200원의 수익이 영화제작자에게 돌아간다고 계산했을 때 〈마이웨이〉의 극장 수입은 67억 2천원만 원에 불과하여 282억 8천만 원의 엄청난 손해를 보았다. 이와 유사한 사례로 2013년 8월에 개봉한 〈미스터 고〉가 있다. 〈미스터 고〉는 〈미녀는 괴로워〉, 〈국가대표〉로 유명한 김용화 감독의 풀 3D 영화로 허영만 원작의 만화를 영화화하였다. 이 영화는 컴퓨터 그래픽으로 주인공 고릴라 링링을 구현한다고 하여 개봉 전부터 화제를 낳았다. 제작비 225억 원에 P&A 비용을 고려하면 280억 원(추정) 정도의 총 비용이 투여되었으나 관객 동원은 132만 명에 그쳤다. 영화 제작사의 수입이 42억 원에 불과하여 238억 원의 손실이 발생했다.

이와 반대로 적은 제작비로 소위 '대박'이 난 사례도 있다. 정지영 감독의 〈부러진 화살〉은 순 제작비 5억 원에 초기 광고비 없이 SNS를 통한 마케팅에 의존하였다. 이후 사회적 이슈를 형성하면서 총 345만 명의 관객을 동원하여 흥행에 대성공했다. 총 비용 17억 원을 투자하여 제작사는 108억 원의 수입을 얻었다. 제작사 수익은 91억 원으로 총 제작비 대비 535%의 수익 효과를 올렸다. 실화를 바탕으로 한 동명 원작소설을 옮긴 〈도가니〉는 총 제작비는 44억 원을 투자하였고 관객 466만 명을 동원, 총 수입 149억을 벌어들였다. 〈도가니〉는 총 제작비 대비 340%의 수익률을 기록하였다. 가장 많은 수익을 올린 영화는 2013년 영화 〈7번방의 선물〉로 제작비, 광고비 포함 총 제작비 58억 원을 투자해 1,280만의 관객을 동원, 총 수익 409억 원을 벌어들여 351억 원의 수익을 남겼다.

위의 사례는 극단의 사례이지만 영화가 고위험 사업이라는 것을 잘 보여주고 있다. 한국영화 수익률이 높은 작품들을 살펴보면 대체로 중·저

예산 영화가 많았다. 화려한 스케일보다는 다양한 소재와 탄탄한 서사의 영화들이 짭짤한 수익을 냈다. 특히 2012년 한국영화 수익률 1, 2위를 차지한 〈부러진 화살〉과 〈도가니〉는 사회적으로 민감한 문제들을 다뤄 사회적 이슈를 형성하면서 높은 수익을 이끌어냈다.

반복 구매가 이루어지지 않는다

영화는 반복 구매가 이루어지지 않는 상품이다. 아무리 좋은 영화라 하더라도 극장에서 같은 영화를 반복해서 보는 경우는 드물다. 열렬한 팬을 가지고 있는 감독의 작품이나, 예술성이 높은 영화, 그리고 천만 이상의 관객을 동원한 영화는 예외적으로 반복 구매가 이루어진다. '천만 관객'에 도달하기 위해서는 같은 영화를 반복적으로 본 충성 관람객이 상당히 있어야 한다. 2014년 2월 14일자 중앙일보 '천만 영화에는 법칙이 있다'라는 기사를 보면 "'천만 흥행'의 필수 요건은 재관람이다. 이미 영화를 관람한 관객들을 다시 한 번 극장으로 오도록 유도하는 작품이 천만 영화에 등극할 수 있는 것이다. 영화 예매 사이트 맥스무비에 따르면 역대 '천만 영화'의 평균 재관람률은 평균 7.8% 수준이다. 한 번 극장에서 영화를 즐긴 관객이 똑같은 작품을 보기 위해 다시 발길을 옮기기는 쉬운 일이 아니다."라고 하였다.

'천만 관객'의 영화조차 재관람률은 평균 7.8%에 그칠 정도로 영화는 반복 구매가 이루어지지 않는 상품이다.

제목	재관람률(%)	개봉일	관객수(명)
실미도	9.64	2003.12.24	11,081,000
태극기 휘날리며	11.31	2004.02.05	11,746,135
왕의 남자	8.06	2005.12.29	10,513,715
괴물	6.52	2006.07.27	10,917,204
해운대	6.32	2009.07.22	11,324,433
아바타	8.33	2009.12.17	13,302,637
도둑들	6.91	2012.07.25	12,983,330
광해, 왕이 된 남자	6.62	2012.09.13	12,323,291
7번방의 선물	6.70	2013.01.23	12,810,776
변호인	7.17	2013.12.18	9,263,980(12일 기준)
평균	7.76		

천만 이상 관객을 동원한 영화의 재관람률
출처: 영화 사이트 맥스무비

브랜드 신뢰도가 낮다

영화는 일반 상품에 비해 브랜드 신뢰도가 거의 없다. 일반 상품의 경우 자사 제품이나 기업의 브랜드에 막대한 비용을 투자한다. 강한 브랜드는 기업 간의 경쟁에서 우위를 선점하게 하며, 유통을 장악하게 하고, 마케팅 코스트를 줄여주기 때문이다. 예를 들어 전자제품을 산다면 삼성전자나 LG전자 제품을 사게 되고, 자동차를 산다면 현대나 기아, 경제적 여유가 있다면 벤츠, BMW, 렉서스와 같은 브랜드의 제품을 산다.

그러나 영화를 선택할 관객은 CJ E&M, 롯데시네마, 쇼박스와 같은 투자배급사나 워너 브라더스, 월트 디즈니와 같은 메이저 브랜드를 전혀 고려하지 않는다. '난 CJ 영화가 좋아' 라거나 '난 워너 브라더스에서 만든 영화가 좋아'라고 해서 영화를 선택하는 관객은 없다. 관객은 영화 제작사의 브랜드에는 관심이 없고 단지 '재미있어 보여서', '주연배우가 마음에 들어서', '좋아하는 장르의 영화라서' 라는 등의 이유로 영화를 선택한다. 영화라는 상품의 성격상 일반 제품과 달리 일관된 퀄리티의 상품(영화)을 만들어 낼 수 없기 때문에 제작사에 대한 관객의 브랜드 신뢰가 구축되기 어렵다.

다만 월트 디즈니의 가족 영화에 대한 브랜드 신뢰도는 예외이다. 가족 영화 특히 애니메이션 장르에서는 월트 디즈니의 브랜드 파워가 존재한다. 부모 관객은 자신의 자녀들에게 안심하고 보여줄 수 있는 영화를 원한다. 그들은 월트 디즈니의 애니메이션을 자녀들에게 믿고 보여줄 수 있다고 생각하기 때문에 월트 디즈니의 브랜드를 신뢰한다.

입소문이 빠른 제품이다

영화는 다른 제품에 비해 관객의 입소문이 상대적으로 빠르다. 특히 인터넷과 스마트폰이 대중화 된 요즘에는 영화는 개봉 즉시 관객의 평이 온라인과 SNS, 모바일 등을 통해 급속히 퍼진다. 인터넷의 보급과 특히 스마트폰의 대중화 이전에는 영화의 입소문이 퍼져나가는 속도가 느렸기 때문에 완성도가 낮은 영화라도 마케팅으로 관객을 모을 수 있었다. 그러나 최근에는 빠른 입소문 때문에 영화의 흥행성이 떨어지면 아무리 많은 제작비와 광고비를 투자한 작품이라도 개봉 후 바로 관객의 수가 감소한다. 대표적인 경우가 〈마이웨이〉, 〈미스터 고〉, 〈7광구〉다. 반면에 영화의 흥행성이 높거나 사회적 이슈로 부각되면 제작비나 마케팅 비용이 적게 투자되더라도 흥행에 성공할 수 있다. 〈컨저링〉의 경우 공포 영화라는 장르의 특성 때문에 온라인, 모바일과 SNS에 3억 원의 최소 마케팅 비용만을 투자하였으나 영화 개봉 후 입소문으로 230만 명의 관객을 동원하였다. 참고로 그해에 개봉된 〈울버린〉(107만), 〈맨 오브 스틸〉(218만), 〈엘리시움〉(120만) 등은 15억 원 이상의 마케팅 비용을 사용하였다.

영화는 사회를 반영한다

영화는 대중오락 매체 중에서 가장 영향력 있는 매체이다. 특히 요즘처럼 한 영화가 천만 관객을 동원하는 시대에는 더욱 그렇다. 〈쉬리〉, 〈공동경비구역 JSA〉, 〈웰컴 투 동막골〉과 같이 남북 관계를 그린 영화, 〈부러진 화살〉, 〈도가니〉, 〈레미제라블〉과 같이 사회적 강자나 기득권자에 대한 분노와 항거를 반영한 영화 등이 사회적으로 영향을 미친 대표적인 예이다. 특히 〈도가니〉는 개봉 후 크게 이슈가 되어 아동 및 장애인에 대한 성폭행 처벌법인 '도가니법'을 제정하는 계기가 되었다.

영화 마케팅이란?

꿈을 포장하는 작업

영화 비즈니스는 영화제작(production) 또는 영화 수입, 영화 마케팅(marketing), 배급(distribution)으로 크게 나눌 수 있다. 영화제작은 시나리오부터 한 편의 영화가 만들어지기까지의 전 과정을 가리킨다. 영화제작은 다른 비즈니스와 비교할 때 제조에 해당되나, 다른 대량생산 제품과는 달리 감독의 창의적 산물이다. 외화 수입은 국내에서 상영할 목적으로 외국 영화를 수입하는 것이다. 배급은 유통에 해당되는데 영화 배급사 또는 수입사가 극장과 상영 계약을 맺고, 영화를 상영하는 것이다. 배급 형태에 따라 직접 배급과 단매 형식의 간접 배급으로 나누어진다. 간접 배급은 각 지역 배급업자에게 영화의 상영권을 양도하는 방식이다. 그러나 대기업 중심의 멀티플렉스가 전국에 형성되면서 현재는 국내외 제작사에 의한 직접 배급이 거의 이루어지고 있다.

그럼 영화 마케팅은 무엇인가? 한마디로 표현하자면 관객들이 자신의 영화를 선택하도록 영화를 포장하는 일이다. 90년대 초반 미국 할리우드 메이저 영화사 워너 브라더스의 마케팅 담당 사장이었던 로버트 프리드먼은 다음과 같이 영화 마케팅을 정의했다.

"Film marketing is to make our movie the first choice movie in the market."

'영화 마케팅이란 자신의 영화를 시장에서 관객이 첫 번째로 선택하는 영화(the first choice movie)로 만드는 것'이라는 말이다. 영화는 경쟁이 치열한 상품이기 때문에 관객이 '첫 번째로 선택하는 영화'가 되지 못하면 흥행에 성공할 수 없다. 《영화마케팅 바이블Marketing to Moviegoers》의 저자 로버트 매리치는 '스테이크가 아니라 지글거리는 소리와 냄새를 팔아라'라고 비유적으로 말하였다. 마케팅은 넓은 의미로는 소비자가 원하는 것(needs)을 파악해서 이를 반영한 제품을 만들고, 제품이 소비자에 손에 이르기까지의 전 과정이라 할 수 있으나, 흔히 말하는 영화 마케팅이란 이미 만들어진 영화를 포장하는 좁은 의미의 마케팅이다.

좋은 영화(good product)를 잘 포장(good marketing)해서 좋은 극장에서 상영(good distribution)한다면 흥행은 보장된다. 그러나 모든 영화가 상업적으로 뛰어나지는 않으며, 좋은 극장을 확보할 수도 없다. 천 편 이상의 영화가 매년 개봉하면서 관객의 수요보다 영화의 공급이 많아졌고, 따라서 영화 간의 경쟁이 치열해지면서 마케팅의 중요성은 점점 커지고 있다.

흔히 영화 비즈니스를 도박에 비교하기도 하는데 이는 영화의 흥행률이 지극히 낮기 때문이다. 통계적으로 10편의 영화 중에 2~3편 정도의 영화만이 소위 '대박'이 나고 나머지 영화는 제작비와 광고비를 건지기기도 어렵다. 그래서 흔히 도박에 비유하지만 이 비유는 부적절하다. 도박이란 사람이 통제할 수 없는 것, 즉 '운(fortune)'에 의해 좌우되는 것이기 때문이다. 그러나 영화는 막연히 제작되는 것이 아니라 제작 단계부터 철저한 관객 조사가 이루어지기 때문이다. 특히 영화 마케팅은 광고, 홍보, 프로모션, 이벤트 등 가능한 모든 방법을 동원하여 승률을 높이는 작업이다.

다른 산업의 마케팅과 달리 영화 마케팅은 마케팅을 통해 사람들에게 즐거움과 희망, 용기, 환상 등을 준다는 매력이 있다. 영화제작이 꿈을 만든다면 영화 마케팅은 그 꿈을 포장한다고 할 수 있다.

포지셔닝

포지셔닝(positioning)g은 광고와 판매, 마케팅에 종사하는 사람들 사이에서 폭발적인 인기를 누리며 오늘날 마케팅에서 대단히 중요한 역할을 하고 있다. 포지셔닝은 커뮤니케이션 과잉 사회에서 잠재 고객에게 귀를 기울이게 하기 위한 최초의 구체적 사유 방식이다. 포지셔닝은 한마디로 '기업이나 상품을 소비자의 마음속에 위치시키는 것'으로 오늘날의 치열한 시장 상황에서 중요한 차별화의 전략으로 이용되고 있다.

시장의 변천사를 간단히 살펴보면 초기 시장은 물자가 부족하기 때문에 '생산 중심의 시장(product-oriented market)'이었다. 즉 물건을 만들기만 하면 팔리는 시장이었다. 이후 생산이 수요를 초과하면서 발생한 잉여 생산물을 팔기 위해 '판매 중심의 시장(sales-oriented market)'으로 바뀌게 된다. 이때는 판매력이 강한 회사가 살아남았다. 그러나 경쟁이 점점 치열해지면서 판매력만으로는 살아남을 수 없는 단계에 도달했다. 그래서 소비자의 욕구가 중요해지는 '마케팅 중심의 시장(marketing-oriented market)'으로 전환하게 된다. '판매 중심의 시장'에서는 판매력과 광고로 승부가 나지만 '마케팅 중심의 시장'에서는 생산부터 A/S에 이르기까지의 모든 과정이 소비자의 욕구를 충족시킬 수 있어야만 살아남을 수 있다.

치열한 경쟁과 과도한 광고가 범람하는 오늘날의 커뮤니케이션 과잉의 시장에서 살아남기 위해서는 여러 가지 마케팅 전략이 이용되는데 그중 대표적인 전략이 포지셔닝 전략이다. 포지셔닝 전략을 좀 더 쉽게 이해하기 위해 일례를 들어보자. 미국의 마스사는 초콜릿 시장에 진입하기로 했다. 그러나 네슬레나 허쉬가 시장을 강력하게 지배하고 있기 때문에 그들과 똑같은 제품 전략을 쓰기가 곤란했다. 그래서 마스사는 기존의 막대형 초콜릿과는 달리 자사의 초콜릿 제품을 새알형으로 만들어 손에서 녹지 않고 입안에서만 녹는 제품으로 포지셔닝하였다. 마스사의 TV 광고 캠페인은 하얀 드레스를 입은 두 명의 소녀가 기존의 막대형 초콜릿과 마스사의 새알 모양 초콜릿을 먹는 모습을 보여준다. 초콜릿으로 얼룩진 드레스와 깨끗한 드레스를 같이 보여줌으로써 소비자에게 강하게 어필하는 데에 성공했다. 이것이 마스사의 엠앤엠m&m 초콜릿이다. 이 전략이 대성공하여 마스사는 기존의 초콜릿 회사와의 경쟁 없이 시장침투에 성공했다. 또 다른 사례로는 '세븐업'이 있다. 탄산음료인 세븐업이 시장에 진출할 때 이미 시장은 코카콜라와 펩시콜라가 강력하게 장악하고 있었다. 도저히 파고들 틈이 없는 시장에서 세븐업은 '세븐업은 콜라가 아니다'라는 '언-콜라un-Cola'전략을 구사함으로써 코카콜라, 펩시콜라와 경쟁하지 않고 다른 새로운 탄산음료 시장을 개척했다. 국내의 사례로는 하이트 맥주가 있다. 과거 항상 2위였던 크라운 맥주는 OB맥주의 아성을 깨려고 부단히 노력했다. 크라운 맥주 측은 '하이트'를 출시하면서 '지하 150미터에서 끌어올린 천연 암반수로 만든 맥주'라며 물의 질을 강조해 시장을 공략했다. 때마침 OB맥주사의 계열사인 두산전자가 낙동강에 발암물질인 페놀을 유출하자 사회적 공분과 함께 물에 대한 지대한 관심이 쏟아졌다. 크라운 맥주 측은 이를 이용해 TV 광고에서 '물은 가려먹는데 왜 맥주는 가려 마시지 않죠?'라며 더욱 몰아붙였다. 이러한 포지셔닝 전략이 성공하여 수십 년 동안 깨지지 않던 OB맥주의 아성이 무너졌고, 크라운 맥주가 하이트 맥주로 시장을 석권할 수 있었다.

연간 천여 편의 영화가 개봉된다. 이렇게 치열한 경쟁에서 살아남기 위해 모든 마케팅 전략을 동원하는데 이는 소비자(관객)에게 기억되도록 하기 위한 몸부림이라 할 수 있다. 수없이 많은 영화 속에서 자기의 영화를 다른 영화와 차별화하도록 포지셔닝하는 것, 이것이 성공의 열쇠이다. 영화 마케팅 활동이란 결국 차별화를 위한 포지셔닝이라 해도 과언이 아니다.

영화의 셀링 포인트

스토리

영화에서 가장 중요한 것은 스토리이다. 매력적인 스토리는 관객을 극장으로 이끈다. 영화의 본고장 할리우드에서 영화의 스토리가 얼마나 중요한가를 보여주는 영화가 있다. 1992년 로버트 알트만 감독이 연출한 〈플레이어〉는 할리우드의 영화 제작 환경을 배경으로 만든 영화다. 영화사 제작 부사장은 어느 날 '모든 시나리오 작가의 이름으로 너를 죽이겠다'는 살해 협박 편지를 받는다. 그 편지를 보낸 사람은 그가 거절했던 시나리오를 쓴 어느 무명의 작가였다. 제작 부사장으로서의 그의 직무는 수없이 많은 시나리오를 읽고 매력적인 시나리오를 선정하여 제작 여부를 결정하는 것이다. 영화 속에서 그는 '자네에게 3분을 줄 테니 줄거리를 설명하게. 3분 안에 내 호기심을 자극하지 못하면 그 시나리오는 바로 탈락 이야'라고 말한다. 영화에서 가장 중요한 것은 시나리오이고 시나리오는 바로 스토리다. 그만큼 스토리는 영화에서 가장 중요한 요소이다.

스토리야말로 영화의 가장 중요한 셀링 포인트 중 하나이다. 관객의 호기심을 자극하지 못하는 스토리는 관객의 관심을 끌 수 없다. 영화의 스토리를 듣는 순간 '재미있겠는데!'하는 마음이 바로 생겨야 한다. 그렇다면 관객의 호기심을 자극할 수 있는 스토리는 어떤 메시지를 담고 있을까?

1) 스토리가 단순해야 한다.

스토리를 한 줄로 정리할 수 없는 영화가 있다. 이런 영화야말로 정말 마케팅하기 힘든 영화다. 관객이 '그 영화 어떤 영화야?' 하고 물었을 때 한 줄로 요약해 설명할 수 있어야 한다. 설명이 길어지고, '스토리는 복잡한데 암튼 한번 봐'하게 되면 관객의 관심을 끌기 힘들다.

사람의 마음에 착 달라붙는 메시지의 중요성을 쓴 《스틱》(댄 히스, 칩 히스 저)이라는 책을 보면 '단순한 메시지'가 사람의 뇌리에 잘 남는다고 한다. 대표적인 예로 속담을 들었는데 '발 없는 말이 천리를 간다'는 말은 오랜 세월 가다듬어져 단순하지만 그 안에는 강한 임팩트가 있는 메시지가 담겨 있다. 2012년 천만 관객을 동원한 〈광해, 왕이 된 남자〉는 '왕과 닮았다는 이유로 왕의 역할을 하게 된 남자. 그러나 진짜 왕보다 더 백성을 위한 자'로 스토리가 압축된다. 영화 〈해운대〉는 '해운대에 쓰나미가 몰려왔다', 〈괴물〉은 '한강에 괴물이 나타나고 이를 막기 위한 한 가족의 이야기'로 압축될 수 있다. 〈다이하드〉는 '테러리스트와 싸우는 뉴욕 열혈 형사의 고군분투기'로 단순화할 수 있다.

가족의 사투가 시작된다
한강, 가족, 그리고…
괴물
송강호 변희봉 박해일 배두나 고아성 | 〈살인의 추억〉 봉준호 감독작품
2006년 7월말, 실로 믿기 힘든 사건이 일어난다

전세계를 휩쓸어버릴
디지털 테러와의 전쟁!
다이하드 4.0
DIE HARD 4.0
7월 17일 대개봉

광해군 8년,
모두가 꿈꿔온 또 한명의 왕이 있었다
광해
왕이 된 남자
2012.09

영화의 스토리가 복잡할 때는 여러 요소 중에 다른 요소를 과감히 버리고 가장 호기심을 자극할 만한 스토리에 집중하여 단순화하는 작업이 필요하다.

2) 호기심을 자극해야 한다.

단순한 스토리라 하더라도 호기심을 불러일으키지 않으면 소용이 없다. 영화 관람은 많은 시간과 비용이 소요되는 문화 행사이다. 관객은 영화 관람을 고려할 때 다른 대체 오락물이 주는 기쁨과 비용, 시간 등 기회비용을 비교한 후 결정한다. 그러므로 관객의 호기심을 자극하지 않으면 안된다.

호기심을 자극하려면 스토리에 '의외성'이 담겨져 있어야 한다. 사람은 자신의 상식에 반하는 것, 당연하게 받아들이는 것을 뒤집어놓은 의외성 있는 이야기를 잘 기억하고 그런 이야기에 호기심을 가진다. '춘향이가 사랑한 것은 이도령이 아니라 방자였다'고 고전 춘향전을 비튼 〈방자전〉, 신데렐라 이야기에서 남자와 여자의 역할을 역전한 〈노팅힐〉, 조선시대 화가 겸제 신윤복은 남자가 아니라 여자였다는 〈미인도〉 등이 대표적인 의외성을 소재로 성공한 영화들이다. 또한 자고 나면 매일 얼굴이 바뀌는 남자의 사랑을 그린 로맨틱 판타지 〈뷰티 인사이드〉도 관객의 호기심을 자극하기에 충분하다.

스타 배우

관객이 영화를 선택할 때 또 다른 고려사항은 배우이다. 영화라는 상품은 다른 일반 상품과 달리 스타 의존성이 높은 상품이다. 'opening a movie'라는 할리우드 용어는 영화에서 배우의 중요성을 보여준다. 이는 '개봉 주말 흥행을 책임지는 배우'라는 뜻이다. 할리우드나 국내 영화산업에서 영화 흥행에 배우가 차지하는 비중이 크다. 특급 배우가 캐스팅되면 제작비 투자를 받기가 용이해진다. 시나리오가 좋더라도 투자사는 투자를 망설이는 경우가 종종 있지만 스타 배우가 캐스팅되면 이런 망설임은 자취를 감춘다. 혹 특급 배우 캐스팅이라는 조건을 달기도 한다. 이렇듯 스타에 대한 의존성이 크기 때문에 스타 배우의 개런티(출연료)는 우리의 상상을 초월한다. 2014년 미국 포브스 닷컴이 분석한 할리우드 특급 배우의 개런티를 보면 다음과 같다. 1위가 〈아이언맨〉의 로버트 다우니 주니어로 7,500만 불(한화 825억 원), 2위는 〈분노의 질주〉의 드웨인 존슨이 5,200만 불, 3위는 〈아메리칸 스나이퍼〉의 브래들리 쿠퍼가 4,600만 불을 기록했다. 4위는 〈위대한 개츠비〉의 레오나르도 디카프리오(3,900만 불), 5위는 〈토르〉의 크리스 헴스워스(3,700만 불), 6위는 〈테이큰〉의 리암 니슨(3,600만 불), 7위는 〈나를 찾아줘〉의 벤 애플렉(3,500만 불), 8위는 〈다크 나이트〉의 크리스찬 베일(3,500만 불), 9위는 윌 스미스(3,200만 불), 10위는 〈19곰 테드〉의 마크 월버그(3,200만 불)이다.

국내의 경우 7억대 개런티의 배우로 송강호, 하정우, 이병헌 등이 있고, 6억 원대는 최민식, 김윤석, 장동건, 황정민, 류승룡 등이 있고, 5억

대는 이정재, 김명민, 설경구 등이 있다. 4억대는 공유, 유아인, 박해일 등이 있다. 여배우의 최고 수준 개런티는 4억~5억 원대로 남배우보다는 평균 1억 원 이상 적다. 톱여배우의 개런티는 남배우보다 2억 원 정도 낮다(한국경제 2014년 12월 10일자 기사). 영화의 흥행을 책임지는 톱스타들은 출연료와 함께 러닝 개런티running guarantee를 별도로 계약하여 실제로는 이보다 더 많은 금액을 챙기는 경우도 있다. 러닝 개런티는 배우들에게 출연료 외에 흥행 성적에 따라 추가로 지급되는 인센티브다. 실제로 이병헌은 2012년 개봉해 1,231만 관객을 모은 영화 〈광해, 왕이 된 남자〉에서 미니멈 개런티 6억 원에 흥행 보너스를 추가로 받기로 계약, 러닝 개런티로 4억 원이 넘는 수입을 챙긴 것으로 알려졌다. 관객 1,300만 명에 육박한 〈도둑들〉의 김윤석도 출연료 6억 원에 별도의 러닝 개런티를 받았다고 전한다. 올해 초 개봉해 1,200만 관객을 동원한 영화 〈7번방의 선물〉의 주연 배우 류승룡은 예상 외로 영화가 메가 히트를 기록해 처음으로 러닝 개런티를 받았다.

왜 영화제작자들은 막대한 개런티를 지불하면서도 스타급 배우를 쓰려고 하는 걸까. 미국 메이저사 유니버설의 사장이었던 톰 폴락은 '그만한 비용을 지불하더라도 가치가 있다. 스타는 관객을 극장에 오게 한다'고 했다. 스타급 배우에는 그를 추종하는 팬들이 있기 때문이다. 이들 배우가 출연하면 일정 관객은 확보했다고 할 수 있다. 할리우드의 경우 미국 내 시장보다 해외 시장의 비중이 더 커짐에 따라 해외 시장에서 인기 있는 배우(주로 액션 스타)에 더 많은 개런티를 지불하는 추세이다. 미국 시장에서 흥행에 실패하더라도 해외 시장에서 흥행에 성공하는 경우가 많기 때문이다. 또한 스타 배우가 출연할 경우 영화에 대한 신뢰감이 생

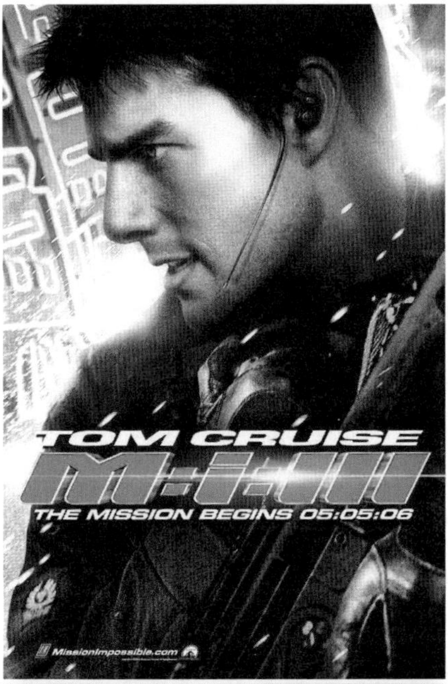
TOM CRUISE
M:i:III
THE MISSION BEGINS 05:05:06
MissionImpossible.com

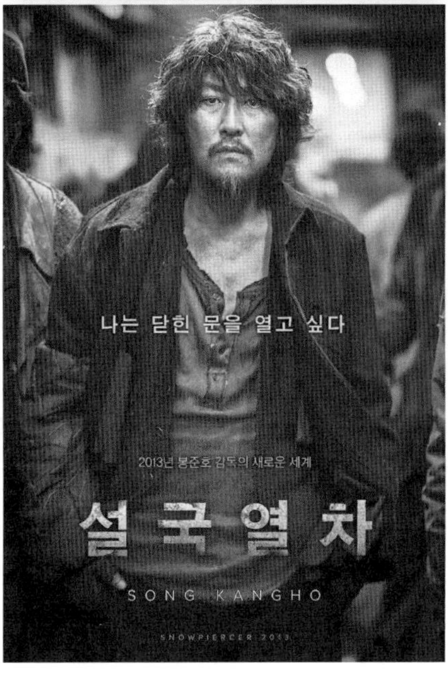
나는 닫힌 문을 열고 싶다
2013년 봉준호 감독의 새로운 세계
설국열차
SONG KANGHO

기고, 특히 광고나 홍보에 훨씬 유리하다. 스타 배우가 출연하는 영화는 영화 마케팅에서 가장 중요한 도구인 포스터와 예고편 등에 스타 배우를 활용할 수 있고, 미디어 홍보 시 언론사의 관심을 쉽게 끌 수 있다. 스타 배우를 쓰면 그만큼 마케팅 코스트를 줄일 수 있는 장점이 있다.

특급 스타의 위력을 보여주는 사례를 살펴보면, 배우 송강호는 〈관상〉으로 913만, 〈설국열차〉 934만, 〈변호인〉으로는 1,137만 명을 동원했고, 배우 김윤석은 〈도둑들〉 1,298만, 〈완득이〉 531만, 〈추격자〉 507만 명을 동원해 흥행 보증수표임을 증명했다. 스타 배우가 출연한 영화의 포스터는 스타에 집중한다. 엄청난 돈을 지불했는데 당연히 활용해야 하지 않겠는가?

그러나 스타 배우를 활용할 때 주의해야 할 사항이 있다. 관객이 기대하는 스타 배우의 대중적 이미지를 그대로 팔아야 한다. 예를 들어 톰 크루즈는 〈미션 임파서블〉과 같은 액션 영화에는 잘 맞지만 〈매그놀리아〉와 같은 예술 영화에는 맞지 않는다. 국내의 경우, 배우 박중훈은 〈마누라 죽이기〉, 〈투캅스〉와 같은 코미디 장르에서 강세를 보였다. 〈세이 예스〉라는 스릴러에서 사이코 범죄자로 출연했는데 그가 나올 때마다 관객들은 무서워하기보다 웃음을 터트렸다고 한다. 결국 흥행에 실패했다. 천만 관객 동원 배우 송강호는 〈푸른 소금〉 77만, 〈하울링〉 161만 명이라는 초라한 성적을 올렸다. 〈푸른 소금〉에서는 여배우 신세경과, 〈하울링〉에서는 이나영과 동반 주연을 하였는데 멜로 코드가 있는 영화에서는 스타 파워를 발휘하지 못하고 있다. 관객들은 자신이 배우로부터 원하는 이미지와 연기를 보기 위해 돈을 지불하고 극장에 온다. 그들은 배우의 연기 변신에는 그다지 관심이 없다.

할리우드의 천문학적인 개런티와 국내의 고액 개런티는 종종 문제가 되기도 한다. 제작비는 한정되어 있는데 스타 배우의 개런티로 너무 많은 금액을 지불하다보니 제작 스태프의 비용을 줄여야 하는 경우가 생기기 때문이다.

감독

영화의 완성도는 감독에 의해 결정된다. 작품성이나 흥행성이 높은 감독은 관객이 영화를 고를 때 신뢰할 수 있는 하나의 기준이 되며 일종의 팬덤을 형성하기도 한다. 영화진흥위원회의 조사에서도 감독이 영화 선정에 주요 고려 사항이라는 결과가 나왔다.

외국의 경우 흥행에 영향을 미치는 대표적인 감독을 보면 〈쥬라기 공원〉, 〈인디아나 존스〉 시리즈의 스티븐 스필버그 감독, 〈타이타닉〉, 〈아바타〉의 제임스 카메론 감독, 〈배트맨〉, 〈이상한 나라의 앨리스〉, 〈찰리와 초콜릿 공장〉의 팀 버튼 감독, 〈아마겟돈〉, 〈트랜스포머〉 시리즈의 마이클 베이 감독, 최근 〈다크 나이트〉, 〈인셉션〉, 〈인터스텔라〉를 연출한 크리스토퍼 놀란 감독 등이 있고 국내의 경우는 〈살인의 추억〉, 〈괴물〉, 〈설국열차〉의 봉준호 감독, 〈올드보이〉, 〈스토커〉의 박찬욱 감독, 〈범죄의 재구성〉, 〈타짜〉, 〈도둑들〉의 최동훈 감독 등이 있다. 지명도가 있는 감독의 영화는 감독의 프로필을 강조하는 마케팅 전략을 활용한다.

10인의 도둑
1개의 다이아몬드
그들이 움직이기 시작했다
〈범죄의 재구성〉〈타짜〉〈전우치〉 최동훈 감독 작품
도둑들
07.25
김윤석 김혜수 이정재 전지현 임달화 김해숙 오달수 김수현 증국상 특별출연 이신제 신하균

18살 생일, 아빠가 죽고
삼촌이 찾아왔다
2013년 박찬욱 감독 작품
스토커
미아 바시코브스카 매튜 구드 니콜 키드먼

성Sex

성은 현대 마케팅에서 중요한 셀링 포인트다. 성은 영화 광고뿐만 아니라 일반 상품의 광고에서도 자주 이용되고 있다. 비주얼뿐만 아니라 상품 광고 카피에서도 섹스어필한 카피를 사용한다. 예를 들어 '못생겨도 맛은 좋아(아이스크림 광고)', '새댁, 잘 빨아줘서 좋겠수(세탁기 광고)' 등이 있다.

성은 영화의 오랜 주제였으며 영화 마케팅에서 성을 이슈화하여 성공한 예가 많다. 일례로 〈와호장룡〉, 〈라이프 오브 파이〉로 할리우드에서 주목받고 있는 이안 감독의 〈색, 계〉는 1940년대를 중국을 배경으로 한 장장 157분의 장편 영화였다. 홍콩 영화, 특히 중국영화가 국내 시장에서 관객의 관심을 끌지 못하고 있었기 때문에 영화의 흥행은 불투명했다. 그러나 노출이 심하다는 소문이 돌고 영화사는 영화의 주제보다 노출 수위를 적극적으로 홍보했다. 파격적인 정사 장면을 강조했으며 특히 '숨 막히는 20분'이라는 영화 카피는 관객의 성적 호기심을 자극하기에 충분했다. 〈색, 계〉의 관람객들 중 상당수가 문제의 '숨 막히는 20분'에 대한 기대감으로 티켓을 구매했다.

외화에서 대표적인 영화로는 샤론 스톤 주연의 〈원초적 본능〉과 직장 내 성폭력 실화를 배경으로 한 데미 무어, 마이클 더글라스의 〈폭로〉 등이 있다. 〈폭로〉의 경우 포스터 이미지가 너무 선정적이어서 운전자의 주의를 산만하게 할 수 있다는 이유로 프랑스에서는 고속도로 빌보드(옥외 광고판) 광고를 허락하지 않았다. 한국영화에서 성적 코드를 강조해 성공한 대표적인 사례가 〈애마부인〉이다. 최근에는 〈미인도〉, 〈방자전〉,

MICHAEL DOUGLAS
A brutal murder.
A brilliant killer.
A cop who can't
resist the danger.
BASIC INSTINCT

MICHAEL DOUGLAS
DEMI MOORE
sex is power
DISCLOSURE

《음란서생》김대우 감독
춘향전을 범하다
은밀한 色, 농익은 해학, 과감한 상상
방자전
2010年 6月 3日 대개봉

〈쌍화점〉처럼 사극에서 성적 코드를 마케팅해서 성공한 사례도 있다.

성을 셀링 포인트로 할 때 너무 노골적으로 드러내지 말아야 한다. 성적 코드의 영화의 주 관객층은 여성 관객층, 특히 가정주부 관객층이다. 지나치게 노골적으로 팔면 이들 관객으로부터 거부감을 불러일으킨다. 성적 수위가 높다하더라도 영화의 예술적 수준을 함께 강조해야 한다. 〈색, 계〉도 베니스 영화제 그랑프리 수상 이력을 함께 홍보했다.

특수 효과

영화산업에서 컴퓨터 그래픽을 이용한 특수 효과는 상상을 초월할 정도로 진보했으며 이는 영화를 상상력의 감옥에서 해방시켜 주었다. 〈토이 스토리〉, 〈몬스터 대학교〉를 연출한 픽사의 존 라세터 감독은 '예술이 기술을 변모시키고, 기술은 예술에 영감을 준다.'고 하였다. 지금은 진부한 기술이 되었지만 케빈 코스트너의 〈로빈 후드〉에서 날아가는 화살 장면, 제임스 카메론의 〈심연〉에서 물방울이 모여 사람 형상을 만드는 장면, 〈터미네이터 2〉에서 미래의 지도자인 소년을 죽이러 온 사이보그의 자유자재로 변신하는 모습, 그리고 최근에 개봉한 〈아바타〉의 3D 기술은 관객에게 경이로움을 불러일으켰다.

영화 〈크로우〉에서는 죽은 브랜든 리의 모습을 컴퓨터 그래픽으로 재현해 화제가 되기도 하였다. 1994년 이소룡의 아들로 더 유명한 브랜든 리는 영화 촬영 중 총기 오발 사고로 사망했다. 제작사가 주연배우의 갑작스런 죽음으로 제작을 포기하자, 미라맥스사는 8백만 불을 투자해 촬영했던 부분에서 브랜든 리의 모습만을 따서 장면을 합성하여 영화를 완성시켰다. 할리우드는 컴퓨터 그래픽 기법이 죽은 이의 영혼을 되살렸다고 놀라움을 나타냈다. 〈크로우〉는 미국 내에서 5천만 불 이상의 흥행수입을 올려 미라맥스사에게 이익을 안겨주었다.

젊은 관객, 특히 남성 관객들은 SF나 판타지 영화를 선호한다. 이런 장르의 영화에 등장하는 '전에 보지 못했던(never-seen-before)' 장면에 열광한다. 영화의 특수 효과가 관객을 끈 대표적 사례는 〈트랜스포머〉 시리즈이다. 자동차가 로봇으로 변신하는 장면, 거대한 로봇끼리의 싸움은 컴퓨터 그래픽을 이용한 특수 효과로 만든 장면들이다. 또한 3D 영화의 신기원을 연 〈아바타〉 역시 특수 효과가 관객의 호기심을 자극한 사례이다.

판타지 장르에서는 고대 신화를 완벽하게 재현한 〈반지의 제왕〉, 소설에서 상상한 마법의 세계를 그려낸 〈해리 포터〉, 공룡을 완벽하게 재현한 〈쥬라기 공원〉, 우주를 배경으로 한 〈스타워즈〉, 〈스타트렉〉 등이 있다.

영화의 기술이 어디까지 진화할지는 아무도 알 수 없다. 영화는 다른 엔터테인먼트와의 경쟁에서 살아남기 위해 끊임없이 기술 발전을 이루어왔으며 앞으로도 관객이 상상하지 못한 기술로 관객들을 극장으로 이끌 것이다.

원작

소설은 영화제작에 있어 중요한 시나리오의 소재이며 최근에 와서는 오리지널 시나리오보다 더 영화제작자에게 환영 받는다. 이는 영화화했을 때 소설이 갖는 지명도를 활용하고 소설의 독자를 극장으로 유도할 수 있기 때문이다. 원작을 바탕으로 흥행에 성공한 한국영화는 〈도가니〉(공지영 원작), 〈완득이〉(김려령 원작), 〈결혼은 미친 짓이다〉(이만교 원작), 〈은교〉(박범신 원작) 등이 있다. 할리우드 영화로는 레오나르도 디카프리오가 개츠비 역을 한 〈위대한 개츠비〉(스콧 피츠제럴드 원작), 〈쥬라기 공원〉(마이클 클라이튼 원작), 〈의뢰인〉(존 그리샴 원작), 〈해리 포터〉(조앤 롤링 원작), 브래드 피트가 주연한 〈월드 워 Z〉(맥스 브룩스 원작) 등 수없이 많다.

최근에는 소설보다는 만화나 웹툰을 원작으로 한 영화가 흥행에 성공하고 있다. 김수현이 주연한 〈은밀하게 위대하게〉가 대표적인 예이다. 웹툰이 영화의 소재로 사랑받는 이유는 주 독자층이 청소년부터 30대

시인과 제자, 열일곱 소녀
서로를 탐하다
은교
나의 영원한 처녀
박해일 김무열 김고은
2012.04

"얌마, 도완득!"
우리 인생 최고의 반전
완득이
그가 나의 이름을 불러주었을 때,
내 인생은 꼬이기 시작했다!
김윤석 유아인
화제의 베스트셀러 원작 10월 20일 대개봉!

로미오와 줄리엣 + 물랑 루즈 감독
레오나르도 디카프리오
토비 맥과이어
캐리 멀리건
조엘 에저튼
꿈, 사랑, 욕망, 위대한 이름
위대한 개츠비
5월 16일 대개봉

괴물로 길러져
바보로 스며들다
은밀하게 위대하게
김수현 박기웅 이현우 손현주
2013
06

성인으로 영화의 주 관객층과 일치하기 때문이다.

박스오피스

수입 영화의 흥행성을 가장 객관적으로 짐작할 수 있는 자료는 미국에서의 흥행 성적이다. 미국에서 흥행에 성공한 영화는 미국적 요소가 강한 드라마나 코미디를 제외하고는 대체로 해외 시장에서도 성공을 한다. 인터넷의 발달로 인한 정보화 및 세계화의 영향으로 문화적 차이가 점차 줄어들면서 미국과 국내의 흥행 성적이 점차 일치해가고 있기 때문이다. 미국 박스오피스에서 1위를 한 경우 이를 광고나 홍보에 활용하기도 한다. 〈언터처블: 1%의 우정〉은 국내에 인지도가 전혀 없는 유럽영화인데도 유럽에서의 흥행 돌풍으로 인해 국내에서도 172만의 관객을 동원하면서 흥행에 성공했다. 이는 유럽영화로는 기록적인 스코어이다. 한국영화는 영화가 개봉한 후 영화진흥위원회 통합전산망의 흥행 성적을 홍보에 이용한다. 예를 들어 개봉 후 관객이 500만 명을 돌파했을 때 관객 숫자를 광고에 활용하는 식이다.

영화제

오래전 미국의 유명한 영화 잡지 〈버라이어티〉는 특집 기사 '아카데미상

〈아메리칸 허슬〉
아카데미 노미네이션을 활용한 포스터

〈가장 따뜻한 색, 블루〉
칸 영화제 수상을 활용한 영화 포스터

은 황금의 손인가?'를 통해 아카데미상의 위력을 논한 바 있다. 그 기사는 아카데미상이 영화 흥행에 미치는 절대적인 영향을 수치로 보여주었다. 기사에 의하면 노미네이트되기 전 〈쉰들러 리스트〉는 미국 내 박스 오피스에서 5천 9백만 불에 불과했지만, 작품상 수상 후 1억 1백만 불 오르는 상승을 보였고, 반대로 〈쉰들러 리스트〉에 이어 작품상에 노미네이트되었지만 수상하지 못한 〈아버지의 이름으로〉는 아카데미상 발표 후에 전주 대비 34% 하락하였다. 할리우드에서 아카데미 작품상 수상은 미국 내 시장에서 5천만 불 이상의 추가 흥행 수입을 가져다준다는 것이 공공연한 정설이고, 각 영화사는 자사의 영화가 아카데미상에 노미네이션될 수 있도록 홍보나 광고, 그리고 아카데미상 회원을 대상으로 로비를 한다. 오늘날 세계적인 영화제는 미국의 아카데미상, 프랑스의 칸 영화제, 독일의 베를린 영화제, 이태리의 베니스 영화제가 있다.

그러나 과거 흥행 수표라 불렸던 아카데미상의 위력이 전만 못하다. 요즘은 아카데미상 수상작이라 하더라도 특별히 흥행상 유리한 점이 없다. 젊은 관객들의 취향이 감동을 주는 영화에서 엔터테인먼트로서의 영화로 바뀌었기 때문이다.

이러한 기피 현상이 있다 하더라도 영화의 작품성이나 예술적 가치를 중시하는 관객에게는 중요한 셀링 포인트이다.

오리지널 사운드트랙

영화의 오리지널 사운드트랙은 주요 셀링 포인트는 아니지만 영화 개봉 후 관객들의 관심을 증폭시키는 요소로 작용한다. 영화에서 나온 주제가나 주제곡은 영화의 입소문이 확산되는 데 큰 기여를 한다.

대표적인 주제곡은 엔니오 모리꼬네가 작곡한 영화 〈미션〉의 사운드트랙이다. 영화 속에 가브리엘 선교사가 연주하는 '가브리엘의 오보에(Gabriel's Oboe)'와 '천국에서와 같이 이 땅에서도(On Earth As It is in Heaven)'는 영화의 감동을 더해 주었으며 〈시네마 천국〉의 '사랑의 테마'도 관객들의 사랑을 받았다. 관객들의 사랑을 받은 주제가는 너무나 많다. 영화 〈보디가드〉에서 휘트니 휴스턴이 부른 '아이 윌 얼웨이즈 러브 유I will always love you', 애니메이션 〈인어공주〉의 '언더 더 씨Under the Sea', 〈라이온 킹〉의 '하쿠나 마타타Hakuna Matata'등이 있으며, 한국영화

에서도 〈접속〉의 '어 러버스 콘체르토A Lover's Concerto', 〈쉬리〉의 '웬 아이 드림When I dream'이 삽입곡으로 사용되어 인기를 끌었다. 영화 〈레미제라블〉에 나오는 '원데이 모어One day more'는 피겨 선수 김연아가 자신의 프리 프로그램의 배경곡으로 선정해 더 유명해졌다. 애니메이션 〈겨울왕국〉의 주제곡 '렛 잇 고Let It Go'가 크게 히트하면서 천만 관객 돌파에 기여했고 최근 흥행에 성공한 〈비긴 어게인〉도 주제가의 기여도가 컸다고 할 수 있다.

영화사들은 주제가를 뮤직비디오로 제작해 영화 개봉 전에 홍보에 활용하며, 유튜브가 일반화되자 주제가를 부르는 관객들의 영상이나 패러디 동영상을 만들어 배포함으로써 그 효과가 배가되고 있다.

마케팅 리서치

시장조사

일반 상품과 마찬가지로 영화 비즈니스에서도 시장조사가 중요하다. 영화 비즈니스에서의 시장조사는 영화제작 시 그리고 영화 개봉 전후에 이루어진다. 영화의 시장조사는 개발 중인 영화 아이디어와 캐스팅, 제목에 관한 테스트에서부터 제작 완료 직전의 영화에 대한 반응 조사, 개봉 즈음에 대중의 인지도, 선호도 추적 조사와 개봉 후 관객 반응에 대한 출구 조사 등이 있다. 할리우드 엔터테인먼트 리서치 회사 마켓캐스트Market cast의 부사장 헨리 샤피로는 '영화사에게 리서치는 상대적으로 적은 비용으로 마케팅 프로세스의 객관성과 책임을 보증하는 보험과 같은 것입니다. 그러나 확실한 것은 리서치가 창의적인 제작진의 직관을 대체할 수는 없습니다.'라고 하였다. 할리우드에서는 표적 관객을 규명할 때와 광고 및 판촉물의 효과성을 판단하려 할 때 리서치를 가장 많이 활용한다고 한다(로이드 매리치 저, 《영화 마케팅 바이블》, 북코리아, 2009).

영화의 본고장 할리우드의 세분화된 시장조사와 달리 국내에서는 제작 후 또는 개봉 전 관객의 반응을 사전 조사하는 테스트 스크리닝과 개봉 즈음의 관객의 인지도, 선호도를 추적하는 추적 조사를 주로 한다. 그리고 직배사의 경우 개봉 후 관객의 반응을 조사하는 출구 조사를 하는 경우도 있다. 안타깝게도 국내에는 미국의 내셔널 리서치 그룹, 마켓캐스트, OTX리서치(Online Testing Exchange)와 같은 영화 전문 리서치 회사가 존재하지 않는다. 영화사에서 자체적으로 실행하거나, 영화 온라인 사이트나 대행사가 온라인을 통해 조사하는 방법을 취하고 있지만 미국과 같이 영화제작의 방향이나 마케팅 전략을 위한 정확한 데이터를 구하기보다 대략적인 관객의 인지도와 선호도 추세를 확인하는 정도에 불과하다.

테스트 스크리닝Test screening

테스트 스크리닝은 제작에 반영하느냐, 마케팅에 반영하느냐의 목적에 따라 달라진다. 전자는 영화 자체의 흥행 가능성을 평가하기 위해 제작 완료 이전에 가편집 상태의 영화에 대한 관객의 반응을 조사한다. 필요에 따라서는 테스트 스크리닝 결과에 따라 영화 내용의 일부를 수정하기도 한다. 미국 워너 브라더스의 공포물 〈오펀: 천사의 비밀〉의 원래 결말은 소녀로 위장한 에스터가 일가족을 살해한 후 경찰의 수사를 유유히

빠져나가는 충격적인 결말이었는데 관객의 테스트 스크리닝 결과가 부정적이자, '악인은 지옥으로'라는 식으로 에스터가 죽는 결말로 수정했다. 국내에서는 대부분 제작, 배급 관계자가 시사한 후 결정하지만 특별히 소규모 관객을 초청하여 하는 경우도 있다.

마케팅을 목적으로 테스트 스크리닝을 하는 경우는 흥행성, 타깃 관객, 영화의 장단점 분석해 파악하기 위해서다. 영화 시사 전 영화 제목 리스트, 메인 카피, 포스터 등을 배포하여 우선순위를 체크하게 하며, 영화시사 후 만족도, 주위에 추천 여부, 인상적인 장면과 간단한 소감 여부를 작성하게 한다. 흥행에 확신이 없을 때 직배사가 테스트 스크리닝을 통해 개봉 여부를 결정하는 경우도 있다.

인지도·선호도 추적 조사Tracking survey

인지도·선호도 추적 조사가 영화 마케팅에서 가장 중요한 조사이다. 대개 영화 개봉 6주 전부터 시작하는데 이 시기 즈음에 가장 중요한 경쟁 영화의 개봉 일이 결정되기 때문이다. 오프라인 리서치 회사는 서울과 부산 주요 극장에서 임의로 조사 대상을 선정하여 주간 단위로 조사를 실시하며, 온라인 마케팅 회사의 경우 온라인을 통해 주간 단위로 실시한다.

일반적으로 영화는 6주 전부터 본격적으로 마케팅한다. 온라인, 아웃도어 광고부터 시작해서 개봉이 가까워지면 극장 예고편, 인쇄 매체, TV 광고에 집중한다. 따라서 영화사는 광고, 홍보, 프로모션이 진행됨에 따라 관객의 인지도가 얼마나 증가하는지, 타 경쟁작에 비해 선호도는 높은지를 주의 깊게 관찰한다. 인지도·선호도가 예상보다 낮을 경우 광고 크리에이티브를 수정하거나 필요 시 광고비 증액을 검토할 수 있다.

주 차	남성	여성	13-18세	19-24세	25-29세	30세 이상
D-3주 차	66.0 (48.9)	62.7 (33.3)	71.4 (28.6)	66.7 (38.9)	66.7 (39.4)	60.9 (40.6)
D-2주 차	69.1 (51.5)	76.3 (44.1)	92.9 (78.6)	79.4 (41.2)	79.5 (48.7)	66.7 (43.4)
D-1주 차	69.4 (45.8)	66.7 (39.2)	93.3 (60.0)	68.0 (40.0)	70.0 (44.0)	62.7 (38.2)
D주 차 (개봉주)	75.6 (62.6)	80.7 (43.9)	87.5 (62.5)	81.3 (50.0)	82.1 (53.6)	74.0 (50.0)

〈호빗: 스마우그의 폐허〉 온라인 인지도와 관람 의향 주 차별 추이표(단위: %, 괄호는 관람 의향)

추적조사는 특히 과거 유사작과의 인지도·선호도 조사 결과를 비교하여 현재의 마케팅 방향을 평가한다. 예를 들어 〈호빗: 뜻밖의 여정〉이 개봉했을 때 이전에 개봉했던 같은 판타지 장르인 〈해리 포터〉, 〈트와일라잇〉의 인지도·선호도 추세와 비교하는 등으로 진행된다. 할리우드에서는 추적조사의 근거를 가지고 개봉 첫 주말 스코어를 예측하기도 하는데 평균적으로 10-15%의 오차만을 보일 정도로 정확하다. 그러나 우리나라의 경우, 추적 조사결과로 개봉 첫 주말 스코어를 예측하기보다는 흥행 순위를 예측하는 정도에 만족한다.

출구 조사Exit survey

출구 조사는 영화 개봉 후 첫 주말 관객을 대상으로 하는 관객 조사로 극장에서 실제로 해당 영화를 본 관객에게 설문지를 배포하여 조사하는 방식이다. 출구 조사는 다른 조사와 달리 실제로 영화를 선택한 관객을 대상으로 하기 때문에 영화에 대한 반응을 정확히 조사할 수 있다. 출구 조사의 주요 조사 항목은 관객의 인구 통계적 특성, 영화의 인지 경로, 영화 선택 이유, 만족도, 추천 여부 등이다.

관람 관객의 성별, 연령 등을 분석함으로써 예상한 타깃 관객이 왔는가를 검증하고, 영화의 인지 경로를 통해 어떤 광고 매체가 효과적이었는가를 확인한다. 또한 영화 선택 이유를 조사함으로써 영화 마케팅 시 주요 마케팅 전략이 주효했는가를 분석할 수 있다. 그리고 만족도, 추천 여부를 통해 영화가 개봉 후 얼마나 유지될 수 있는가를 예측하여 개봉 후 광고 전략을 결정한다.

직배사 출구 조사 결과를 보면 일반적으로 개봉 첫 주말에는 25세 이상의 관객의 비중이 가장 많으며(가족 영화 제외), 영화의 인지 경로의 경우 극장 예고편 비중이 가장 높고, 그 다음이 TV, 인터넷 순이다. 이는 영화진흥위원회에서 조사한 영화 소비자 행태 분석과는 다소 차이를 보이는데 일반적인 영화 정보의 수집 경로와 영화 관람을 결정하게 하는 정보의 수집 경로가 다를 수 있음을 보여준다. 예를 들어 영화진흥위원회 자료에는 인터넷이 가장 높지만, 직배사 출구 조사 자료에서는 극장 예고편이 가장 높게 나타난다. 이는 영화 관람은 일종의 문화적 습관이기 때문에 영화관을 찾은 관객이 큰 스크린에서 앞으로 개봉할 예고편을 보고 관람 결정을 하기 때문이다. 따라서 영화사는 예고편 제작에 가장 큰 공을 들인다.

또한 출구 조사를 통해 매체 운영에 정확한 판단을 할 수 있다. 예를 들어, 크리스토퍼 놀란 감독의 〈인셉션〉의 경우 TV와 케이블 광고비가 온라인 광고에 비해 훨씬 많았음에도 불구하고 영화 인지 경로에서 인터넷이 TV와 케이블보다 높게 나타났다. 이는 〈인셉션〉의 주 타깃 관객층이 온라인에 더 밀접한 젊은 층임을 나타낸다. 이러한 사례를 바탕으로 향후 이와 유사한 장르의 영화를 개봉할 때 온라인에 더 비중을 두는 전략을 취할 수 있다.

영화의 라이프 사이클이 점차 짧아지고 있기 때문에 개봉 후 실시하는 출구 조사는 그 결과를 조사 대상 영화의 마케팅에 적용하기엔 다소 무리가 있지만 데이터를 축적했을 경우 향후 개봉할 영화의 마케팅 전략 수립에 효과적인 자료로 활용할 수 있다(70쪽 샘플 참고).

온라인 검색 순위 조사Online search ranking survey

영화 마케팅에서 온라인 검색 순위 조사는 테스트 스크리닝, 인지도·선호도 조사, 출구 조사와 같은 공식적인 조사는 아니다. 그러나 온라인 검색 순위를 트랙킹하는 것은 영화의 인지도, 화제성 측면에서 중요한 참고 정보이다. 국내 포털 사이트 네이버와 다음이 실시간 영화 검색 순위를 공개한다. 영화사는 예고편, 동영상 EPK(Electronic Press Kit), 스틸, 제작 보고회 등 영화 홍보 자료가 온라인 검색에 미치는 영향을 측정하기 위해서 검색 순위를 추적한다. 예를 들어, 영화의 예고편을 공개한 후 개봉 예정 영화 검색 순위가 얼마나 상승하는가를 보고 관객의 관심도를 측정한다. 블록버스터와 같은 화제작의 경우 예고편 공개 시 검색 순위가 10위권 내로 상승해야 하며, 10위권 안에 진입하지 못할 경우 관객의 관심이 뜨겁지 않다는 것을 반증한다. 또한 영화 광고를 시작한 후 온

개봉예정영화 일간검색어

1	**메이즈 러너: 스코치 트라이얼**	–	0
2	영화 사도	–	0
3	수어사이드 스쿼드	↑	8
4	셀프/리스	↓	1
5	드래곤볼 Z : 부활의 F	↓	1
6	헝거게임 : 더 파이널	↓	1
7	극장판 도라에몽: 진구의 우주영웅기…	↑	1
8	라이즈 오브 더 레전드: 황비홍	↓	1
9	제 7기사단	↓	3
10	영화 서바이버	↑	13

2015.09.06. 기준 ?

네이버 개봉 예정 영화 일간 검색 순위

일간 개봉예정영화 검색어

1	**사도**	-
2	메이즈 러너: 스코치…	-
3	함정	-
4	서바이버	↑13
5	제 7기사단	-
6	돼지 같은 여자	↓2
7	인턴	-
8	라이즈 오브 더 레전…	↑3
9	서부전선	↓3
10	셀프/리스	↓2

다음 개봉 예정 영화 일간 검색 순위

출구 조사 샘플

퍼시픽 림

일련 번호: ____________

1번부터 5번 까지의 질문은 영화가 시작되기 전에 작성하시고 나머지 **6-9번은 영화가 끝난 후**에 작성해 주시기 바랍니다.
"저희 설문 조사에 응해주셔서 감사드리며, 완성하신 설문지는 영화가 끝난 후 나가시면서 출구에서 설문지를 수집하는 담당자에게 제출해 주시기 바랍니다."

Q1. 귀하의 성별은 무엇입니까?	Q2. 귀하의 나이를 표시해 주십시오.		Q3. 영화관에 오시기 전에 다음 중 어떤 일을 하셨습니까? (모든 해당 사항에 표시)
(1) 남성	(1) 12세 미만.	(8) 35~39	(1) 영화 공식 웹사이트 방문
(2) 여성	(2) 12~14	(9) 40~44	(2) 온라인으로 '퍼시픽 림' 예고편 시청
	(3) 15~17	(10) 45~49	(3) 가려고 했던 영화관의 웹사이트를 방문
	(4) 18~20	(11) 50~54	(4) 영화 관련 소셜네트워크 (예:트위터, 미투데이 등) 페이지 방문
	(5) 21~24	(12) 55~59	(5) 인터넷 포털 사이트 (예:네이버, 다음, 네이트 등)의 영화 섹션 방문
	(6) 25~29	(13) 60세 이상	(6) 새 영화에 대한 평이 있는 웹사이트 방문
	(7) 30~34		(7) 해당사항 없음

Q4. 영화관에 오시기 전에 '퍼시픽 림' 영화에 대해 어떤 방법으로 알게 되셨습니까? (모든 해당 사항에 표시)

(1) TV 광고
(2) 영화 포스터
(3) 영화 예고편
(4) 친구 혹은 친척들의 이야기
(5) "게시판(지하철, 거리)"
(6) 라디오 광고 혹은 프로모션
(7) 영화 포스터 등 극장내 홍보물
(8) TV인터뷰나 연예 스페셜
(9) 신문이나 잡지의 기사
(10) 인터넷 또는 모바일 광고
(11) 신문이나 잡지의 광고
(12) 영화평을 읽거나 들음

Q5. 이 영화를 보러 오게 된 결정적인 이유가 무엇이었습니까? (모든 해당 사항에 표시)

(1) 액션으로 가득차 있어서
(2) 거대한 로봇들이 큰 괴물에 맞서 싸운다는 내용이 좋아서
(3) 영화 전반적인 캐스팅이 맘에 들어서
(4) 길예르모 델 토로 감독의 영화여서
(5) 아이가 보고 싶어해서
(6) 이드리스 엘바를 좋아해서
(7) 광고가 재미있어 보여서
(8) 이 영화에 대한 흥미있는 이야기를 읽거나 들은 적이 있어서
(9) 특수 효과가 재미있어 보여서
(10) 공상과학/SF 영화를 좋아해서
(11) 영화가 재미있어 보여서
(12) 영화평이 좋아서
(13) 친구/애인/동료가 보고 싶어해서
(14) 줄거리가 좋아 보여서
(15) 다른 볼만한 영화가 없어서

Q6 ~ Q9는 영화가 종료된 후 기입해 주시기 바랍니다.

Q6. 영화 '퍼시픽 림'에 대한 전반 적인 느낌은 어떻습니까? (택일 하시오)	Q7. 이 영화를 친구에게 추천하시겠습니까?	Q8. '퍼시픽 림'을 보러 오기 전에 기대했던 것에 비교하면 어떻습니까? (택일 하시오)
(1) 매우 훌륭하다 (2) 매우 좋다 (3) 좋다 (4) 보통이다 (5) 나쁘다	(1) 반드시 추천할 것이다 (2) 아마도 추천할 것이다 (3) 반반이다 (4) 아마도 추천하지 않을 것 같다 (5) 절대 추천하지 않을 것 같다	(1) 기대했던 것보다는 나았다 (2) 기대했던 것과 비슷했다 (3) 기대에 못 미쳤다

Q9. 다음은 영화를 묘사하는데 사용되는 다양한 표현들입니다. 다음의 표현들 중 '퍼시픽 림'에 해당된다고 생각되는 곳에 표시하여 주십시오. (모든 해당 사항에 표시)

(1) 즐겁다	(9) 너무 잔인하다	(17) 재미있다
(2) 너무 길다	(10) 특수효과가 멋있다	(18) 진부한 주제다
(3) 액션으로 가득찼다	(11) 기대했던 것과 다르다	(19) 격렬하다
(4) 예상할 수 있다	(12) 색다르고 독창적이다	(20) 지루하다
(5) 흥미를 끈다	(13) 실망스럽다	(21) 내용이 좋다
(6) 장면전환이 느리다	(14) 등장인물이 흥미롭다	(22) 헷갈린다/따라가기 어렵다
(7) 음악이 좋다	(15) 과도한/과장되었다	(23) 연기가 좋다
(8) 가족적인 영화다	(16) 스릴있다	(24) 내 취향이 아니다

감사합니다.
완성하신 설문지는 상영관을 나가실 때 설문지를 회수하는 담당자에게 전달 해 주시기 바랍니다.

라인, TV 광고에 대한 반응을 측정할 때도 검색 순위를 체크한다. 특히 온라인 광고의 경우 검색 순위에 변동이 없거나 상승률이 기대보다 약할 때는 광고 크리에이티브를 수정하기도 한다. 개봉이 임박할수록 온라인 검색 순위가 상승해야 하는데 기대만큼 상승하지 않을 경우 마케터에게는 그만큼 스트레스가 쌓이게 된다. 영화 개봉 후에도 검색 순위가 상위권이라면 관객의 관심도가 높다는 뜻이기 때문에 영화 상영이 오래 지속될 수 있다.

온라인 검색 순위를 분석해보면 일반적으로 10대, 20대 초반의 온라인 헤비유저가 좋아하는 장르의 영화인 SF, 공포, 액션 장르의 영화가 상위권을 차지하는 경우가 많으며, 성적 코드가 강한 소위 '야한' 영화도 검색 순위 상위에 랭크된다. 드라마, 코미디는 화제작이 아닌 경우 상위권에 진입하기 어렵다. 검색 순위가 반드시 흥행과 일치하지는 않는다. 다만 관객의 관심이 있는가, 화제성이 있는가를 측정하는 요소로 참고하는 편이 좋다. 그러나 필자의 경험상 개봉 주에 검색 순위가 10위권에 오르지 못한 영화가 흥행에 성공하는 경우는 드물다.

타이틀	〈맨 오브 스틸〉	〈스타트렉 다크니스〉	〈애프터 어스〉	〈은밀하게 위대하게〉	〈월드 워 Z〉
개봉일	2013/6/13	2013/5/30	2013/5/30	2013/6/5	2013/6/20
5/14	6위	7위	9위	1위	11위
5/21	4위	3위	6위	1위	2위
5/28	3위	5위	4위	1위	5위
6/4	2위	3위	7위	1위	5위
6/11	1위				2위

네이버 개봉 예정 영화 검색 순위 추이표

마케팅
전략 수립

전쟁을 할 때 무작정 병력과 무기로 밀어붙이지 않고 사전에 치밀한 전략을 세우듯이 영화 개봉에도 주도면밀한 마케팅 전략이 필요하다. 잘 짜인 마케팅 전략은 치열한 경쟁 시장에서 승리할 가능성을 높여준다.

타깃 관객 설정Target audience

마케팅 전략을 수립할 때 가장 먼저 타깃 관객을 설정해야 한다. 영화도 상품이기 때문에 팔 대상을 결정하는 일이 중요하다. 타깃 관객 설정 시 주 관객층과 서브 타깃 관객층을 설정해야 한다. 일반적인 상업 영화의 경우 18세에서 35세 남녀가 주 관객층이고, 영화에 따라 가족 관객, 여성 관객, 주부 관객, 청소년 관객으로 세분화하여 나눌 수 있다. 타깃 관객을 어떻게 설정하느냐에 따라 마케팅 전략이 달라진다. 일반적으로 블록버스터 무비는 모든 관객을 대상으로 하는 반면에 로맨틱 코미디나 드라마 같은 장르는 특정 관객을 대상으로 한다. 애니메이션의 경우 가족 관객과 성인 관객을 동시에 공략하는 경우도 있다.

경쟁 관계Competitive surroundings

영화는 누구와 경쟁하느냐가 흥행에 대단히 큰 영향을 미친다. 초등학생이 성인에게 싸움을 걸지 않듯이 블록버스터 무비 같은 강력한 경쟁작은 피하는 것이 상책이다. 경쟁 관계 고려 시에는 블록버스터 무비뿐만 아니라 같은 장르의 영화나 같은 타깃 관객의 영화가 있는지 확인해야 한다.

장단점 분석SWOT analysis

손자병법에 '지피지기면 백전불태(知彼知己百戰不殆)라 하여 남을 알고 나를 알면 백 번 싸워도 위태롭지 않다고 하였다. 영화의 마케팅 전략을 세울 때도 자신의 영화의 장단점을 정확히 아는 것이 중요하다. 영화 장단점 분석의 대표적인 방법은 SWOT 분석이다. 장점Strength, 약점Weakness, 기회Opportunity, 위협Threat을 분석하여 장점과 기회를 극대화하고, 약점과 위협을 제거하거나 최소화하는 작업이 필요하다. 때로는 약점을 장점과 기회로 전환하는 지혜도 필요하다. 영화 〈그래비티〉

미국의 렌터카 회사 에이비스

개봉 시 최대의 약점은 등장인물이 단 두 명에, 거대한 우주 전투신이나 외계인이 등장하지 않는다는 점이었다. 요즘같이 정보가 넘쳐나는 시대에 이러한 약점을 감출 수 없기 때문에 배급사는 약점을 그대로 노출하고 정면 돌파하기로 했다. 영화사 마케팅팀은 '외계인도, 우주전쟁도 없다. 이것이 누구도 경험하지 못한 진짜 재난이다'라고 메인 카피를 정하였다. 일반 비즈니스에서도 자신의 약점을 그대로 노출하여 성공한 사례가 있다. 미국의 렌터카 회사 에이비스Avis는 '우리는 No.2입니다. 그래서 더욱더 노력합니다'라는 광고 캠페인으로 성공하였다.

포지셔닝

타깃 관객, 경쟁 관계, SWOT 분석을 토대로 영화를 어떻게 포지셔닝 할 것인가를 결정한다. 포지셔닝은 차별화 전략이기 때문에 시장 상황에 따라 장르, 내용, 관객층을 고려하여 설정한다. 블록버스터 무비의 경우 300~400만 명의 관객 동원을 기대하기 때문에 전체 관객을 대상으로 마케팅하지만 대부분의 영화는 틈새를 노리는 전략으로 포지셔닝해야 한다. 예를 들어 남성 관객 위주의 액션 영화가 주로 개봉할 때에는 여성 관객만을 대상으로 하는 영화로 포지셔닝하는 전략도 있다. 이러한 포지셔닝 전략의 대표적인 경우가 〈써니〉이다. 영화 〈써니〉는 개봉 당시 〈소스 코드〉, 〈토르: 천둥의 신〉, 〈분노의 질주: 언리미티드〉와 같이 남성 관객 위주의 SF와 액션물 중심의 시장에 여성 관객을 타깃으로 포지셔닝하여 흥행에 성공하였다.

핵심 전략 결정

영화의 포지셔닝이 결정되면 핵심 전략을 결정해야 한다. 블록버스터 무비의 경우 예산이 풍부하기 때문에 TV, 케이블, 온라인, 아웃도어 광고 등 전방위적인 물량공세를 취할 수 있지만 적은 예산의 영화는 핵심 전략을 어떻게 짤지 결정해야 한다. TV나 케이블 같은 비주얼 광고가 핵심 전략일 경우도 있고, 온라인과 SNS와 같은 소셜 네트워크를 핵심 전략으로 하는 경우도 있다. 때에 따라서는 시사회를 핵심 전략으로 하는 경우도 있다. 인도영화 〈블랙〉과 이준익 감독의 〈소원〉은 시사회를 핵심 전략으로 하여 성공한 사례이다.

제목, 카피라인, 시놉시스

타깃 관객, 경쟁 관계, 포지셔닝 등을 고려하여 제목, 카피라인, 시놉시스를 제안한다. 제목은 관객이 기억하기 쉽고, 영화의 스토리를 잘 전달하며, 호기심을 자극할 수 있게 정해야 한다. 카피라인 역시 관객으로부터 즉각적인 반응을 불러일으킬 수 있어야 한다. 그리고 시놉시스는 영화의 내용을 압축하여 시놉시스를 읽는 관객으로 하여금 영화를 보고 싶게 할 수 있도록 만들어져야 한다.

프로모션, 이벤트, 시사회 제안

마지막으로 프로모션, 이벤트, 시사회 등을 제안한다. 프로모션, 이벤트 제안은 관객의 관심을 끌 수 있고 가능하다면 홍보 효과를 유도할 수 있어야 한다. 프로모션과 이벤트가 영화 흥행에 결정적인 영향을 미치지는 못하지만 마케팅 초기에 관객의 주목을 유도하는 데는 효과적인 마케팅 도구이다. 시사회의 경우 타깃 관객, 규모, 모객 방법 등을 제안한다.

영화 광고의 특징

영화 광고는 대표적인 문화 상품 광고로 일반 상품 광고에 비해 다음과 같은 독특한 특징이 있다.

광고를 보는 즐거움이 있다

우리는 광고의 홍수 속에 살고 있다. 아침에 눈을 떠서 잠자리에 들 때까지 수많은 광고를 접한다. 기업과 소비자는 한쪽은 광고를 강요하고 다른 쪽은 광고를 피하는 관계가 되어 버렸다. 이제 소비자는 광고라면 거부감부터 생긴다. 소비자가 광고를 거부하는 이유는 제품 메시지를 일방적으로 강요하고 재미가 없기 때문이다.

그러나 영화 광고는 스토리가 있고, 멋진 배우가 나오고, 눈이 번쩍 뜨일 정도의 장면이 있기 때문에 보는 재미가 있다. TV에서 일반상품 광고가 나오면 채널을 돌려도 영화 광고가 나오면 보게 된다. 멋진 영화 포스터는 사람들의 시선을 끌고 심지어 수집을 하기도 한다. 영화 광고는 단순히 광고물이라기보다 콘텐츠의 성격이 강하다.

높은 비주얼 임팩트Visual impact를 요구한다

〈바람과 함께 사라지다〉의 포스터 속 카피가 무엇인지, 아카데미상에서 수여하는 상의 종류가 몇 가지나 되는지 기억할 수 없지만 클라크 게이블이 비비안 리를 안고 있는 그림은 생생하게 기억된다. 〈매트릭스〉의 총알 피하는 장면, 〈아바타〉의 눈을 의심할 정도로 생생한 3D 장면은 한 번 보면 쉽게 잊히지 않는다. 영화 광고는 영화의 무수한 장면 중에

서 스토리와 재미를 압축하여 한 장의 사진이나 비주얼로 표현되고 소비자는 그 속에 숨어 있는 영화적 흥미를 발견하기 때문에 영화 광고에 있어 비주얼 임팩트는 매우 중요하다. 또한 다른 일반 상품에 비해 비주얼 임팩트가 강해 낮은 노출 빈도로도 소비자의 기억에 잘 남는다.

영화 광고는 집중 포격형이다

영화의 라이프 사이클이 짧아지고 있기 때문에 광고는 고밀도로 단기간 동안 이루어진다. 블록버스터의 경우 20억 수준의 광고비를 대부분 한 달 이내에 모두 투입한다. TV 광고의 경우 5~6억의 광고비를 단 2~3주 내에 집행하고, 아웃도어나 온라인의 경우에도 한 달 내에 집중한다. 홍보는 오랫동안 관객의 호기심을 자극하지만 광고는 단기간에 집중하여 관객의 행동을 유발해야 하기 때문이다. 개봉 전에 집중적으로 광고하고 개봉 후에는 관객의 입소문에 의존한다. 영화는 상영 기간이 짧기 때문에 광고 효과가 미흡하더라도 나중에 수정하기가 곤란하다. 그렇기 때문에 더욱더 영화 광고는 힘들다.

마케팅 크리에이티브

크리에이티브 콘셉트 결정

관객이 영화를 결정하는 데 영향을 주는 줄거리, 감독·배우, 입소문, 전문가 평과 같은 관람 요소를 관객에게 전달하는 것은 포스터, 전단, 예고편, TV 스팟, 디지털 광고의 배너 광고 등이다. 관객을 끌어들이는 광고물을 만들기 위해 크리에이티브물의 콘셉트를 결정하는 일은 대단히 중요하다. 크리에이티브 콘셉트를 결정할 때 다음 사항을 고려해야 한다.

첫째, 타깃 관객이 누구인가? 즉 '누구를 개봉 주말에 극장으로 오게 할 것인가'이다. 타깃 관객 결정이 크리에이티브 캠페인 방향에 중요한 요소다. 대부분의 영화는 타깃 관객이 하나이지만 때로는 다수일 수도 있다. 예를 들어 애니메이션이라도 가족 관객뿐만 아니라 성인 관객도 겨냥한 경우가 많다. 〈토이 스토리〉는 가족 관객뿐만 아니라 성인 관객

가족 관객용 〈미녀와 야수〉포스터

성인 관객용 〈미녀와 야수〉포스터

에게도 어필했다. 또 블록버스터 무비는 전 연령층을 대상으로 할 수 있다. 이런 경우 메인 타깃과 서브 타깃을 구분하여 크리에이티브 전략을 세분화해야 한다.

둘째, 어떤 장르의 영화인가? 요즘 대부분의 영화는 혼합 장르이다. 드라마, 코미디, 액션 장르 등이 버무려져 있다. 액션 영화라 하더라도 코믹한 요소가 있고 코미디라 하더라도 액션이 가미되어 있다. 혼합 장르의 영화에서 어떤 장르를 강조할 것인가에 따라 크리에이티브 캠페인의 방향이 달라진다. 〈수상한 그녀〉의 경우 드라마로 볼 수도 있고 코미디로 볼 수도 있다. 어떤 장르로 포지셔닝하느냐에 따라 캠페인의 방향이 달라진다.

드라마 성격이 강한 〈수상한 그녀〉 포스터

코미디 성격이 강한 〈수상한 그녀〉 포스터

셋째, 영화의 셀링 포인트가 무엇인가? 배우인가 감독인가, 특수 효과인가, 비평가 평인가 등 셀링 포인트를 결정하고 이를 강조하는 크리에이티브물을 제작해야 한다. 셀링 포인트가 다수인 경우 핵심 셀링 포인트를 강조해야 하며 나머지 셀링 포인트는 홍보 등을 통해 강조해야 한다. 왜냐하면 관객은 영화사의 욕심과 달리 다수의 셀링 포인트를 다 기억하지 못하기 때문이다. 하나에 집중해야 한다.

넷째, 영화의 줄거리를 잘 전달할 수 있는가? 관객의 영화 관람 동기 1위는 매력적인 줄거리이다. 줄거리를 관객에게 전달하는 방법 중 대표적인 것은 제목과 카피이다. 2015년 여름 천만 관객을 동원한 〈암살〉은 친일파 암살 작전을 그린 영화이다. 제목이 줄거리를 전달한다. 영화

평론가 평을 이용한 〈위플래쉬〉 포스터

제목과 카피로 줄거리를 전달하는 〈암살〉 포스터

〈베테랑〉의 '내가 죄 짓고 살지 말라고 했지'와 '내게 이러고 뒷감당할 수 있겠어요' 카피는 열혈 형사와 안하무인 재벌3세의 대결을 그린 영화의 줄거리를 잘 설명한다. 또한 예고편, TV 스팟 역시 줄거리를 전달하는 데 뛰어난 도구이다.

크리에이티브물의 콘셉트를 어떻게 결정하느냐에 따라 영화 흥행이 좌우된다. 영화의 콘셉트를 철저히 고민한 후에 크리에이티브물을 제작하는 것이 바람직하다.

예고편Trailer

기대하시라 개봉박두(Comimg Soon)!

출구 조사 시 영화를 어떻게 알게 되었는가를 조사하는 인지 경로 조사(survey for source of awareness)에서 항상 1위로 조사되는 것이 예고편이다. 예고편은 2시간 정도의 영화를 2~3분 내에 압축하기 때문에 영화를 광고하는 도구 중에 가장 소구력이 있다. 더구나 TV 광고나 신문, 잡지, 아웃도어 광고가 불특정 다수를 대상으로 한다면 예고편은 극장에 온 관객을 대상으로 하기 때문에 더 효과적이다. 영화 관람은 일종의 문화 습관으로 극장에 온 관객이 반복적으로 영화를 볼 확률이 높아 다른 매체에 비해 효과가 더 좋다. 이렇게 예고편의 중요성 때문에 미국의 경우 예고편을 따로 제작하는 예고편 제작 전문 감독이 있다. 우리나라는 대부분 영화감독이 예고편까지 제작하고 있지만 때로는 CF 제작 경험이 많은 광고대행사가 만드는 경우도 있다.

예고편은 크게 티저 예고편(teaser trailer)과 본 예고편(main trailer)으로 나뉜다. 티저 예고편은 예고편의 예고편 성격을 가지고 있으며 블록버스터 무비의 경우 최소 6개월 이전에 제작되어 극장에 상영된다. 티저 예고편은 구체적인 영화의 내용을 소개하기보다 영화의 상징적인 내용만을 보여줌으로써 관객의 호기심을 자극한다. 예를 들어 재난 영화 〈2012〉의 티저 예고편은 거대한 해일이 히말라야 산맥을 넘어오는 장면만을 보여준다. 본 예고편은 흔히 우리가 알고 있는 예고편으로 영화의 내용을 전달하고 영화의 주요 셀링 포인트를 노출함으로써 관객의 관심을 유도한다.

〈해리 포터〉 시리즈	예고편이 상영된 영화
〈해리 포터와 불사조 기사단〉	〈박물관이 살아있다〉, 〈007 카지노 로얄〉, 〈300〉 등
〈해리 포터와 혼혈왕자〉	〈007 퀀텀 오브 솔러스〉, 〈트와일라잇〉, 〈마다가스카 2〉 〈벤자민 버튼의 시간은 거꾸로 간다〉 등
〈해리 포터와 죽음의 성물1〉	〈타이탄〉, 〈아이언맨 2〉, 〈나잇&데이〉, 〈슈렉 4〉, 〈인셉션〉, 〈뉴문〉, 〈토이 스토리 3〉 등
〈해리 포터와 죽음의 성물2〉	〈나니아 연대기: 새벽 출정호의 항해〉, 〈해리 포터 죽음의 성물 1〉, 〈메가마인드〉, 〈걸리버 여행기〉, 〈토르〉, 〈캐리비안의 해적: 낯선 조류〉, 〈쿵푸 팬더 2〉 등

〈해리 포터〉 시리즈의 예고편 노출 사례

예고편은 내용도 중요하지만 예고편 노출 전략도 중요하다. 극장에 노출하는 경우 같은 장르 또는 같은 타깃 관객층의 영화에 노출해야 한다. 예를 들어 SF 영화의 예고편은 같은 SF 장르의 영화에 노출하거나 장르가 다르더라도 같은 타깃 관객의 영화에 노출한다. 미국 메이저사의 경우 예고편 노출 전략을 대단히 중요하게 생각하기 때문에 예고편 노출 가이드라인(trailer placement guideline)을 만들어 가이드라인에 맞는 영화에 노출하게 한다. 또한 강제적으로 특정 영화 앞에 예고편을 붙여서 노출하는 방법이 있는데 이것을 인터록킹inter-locking 방식이라고 한다. 예를 들어 〈해리 포터와 혼혈왕자〉 앞부분에 다음 시리즈인 〈해리 포터와 죽음의 성물 1〉의 티저 예고편을 붙이는 방식이다. 픽사의 애니메이션의 경우에도 다음에 나올 애니메이션의 예고편을 붙인다. 이는 같은 관객을 지속적으로 확보하려는 전략의 일환이다.

예고편을 노출하는 또 다른 방법은 예고편 공개를 이벤트화하는 것이다. 미국에서는 야후나 페이스북과 같은 온라인 포털이나 SNS 채널을 통해 독점 공개한다. 국내에서도 네이버나 다음과 같은 온라인 포털에서 예고편 독점 공개를 한다. 봉준호 감독의 〈설국열차〉 예고편은 네이버에서 독점 공개했다. 독점 공개의 경우 온라인 매체사는 많은 사용자가 유입될 수 있도록 사전 홍보 또는 광고 지원을 해서 영화 인지도 상승에 크게 기여한다. 할리우드 메이저사는 예고편 공개 후 예고편 접속자 수와 반응 등을 조사한 내용을 다음 예고편 제작에 반영한다. 예고편 접속자 수와 반응을 보면 관객의 관심도를 측정할 수 있어 흥행 여부도 예측할 수 있다.

안타깝게도 극장에서 일반 상품 광고 수입이 크기 때문에 예고편 상영을 줄이고 있다. 더구나 2~3분의 예고편 시간이 길다 하여 30초로 줄인 것만을 상영한다. 관객을 끌어들이는 가장 효과적인 매체가 예고편인 점을 고려하면 예고편 축소를 재고해야 한다. 참고로 미국의 경우 영화 개봉 전에 5~8편의 예고편을 상영한다.

영화의 카피

촌철살인! 한 줄의 카피로 관객을 사로잡아라!

최근 상품 광고를 보면 기능보다는 감성에 호소하는 카피가 소비자에게 더 영향력을 발휘하고 있다. 기능성 제품인 세탁기에 '사랑이라는 이름의 세탁기'라는 카피를 쓰고 보일러 광고에서조차 '여보, 아버님 댁에 보일러 놓아드려야겠어요' 하며 효심에 호소하는 카피를 쓴다.

또한 성적 표현을 사용하는 카피가 늘어나고 있다. '언젠가 먹고 말 거야'(오리온 프리토레이의 치토스), '그래 바로 이 맛이야'(제일제당 다시다)와 같이 이중적 의미로 풀이될 수 있는 섹스어필 카피도 있다. 광고에서 이러한 시도를 하는 이유는 카피가 소비자의 뇌리에 오랫동안 기억되면 소비 행동으로 이어지기 때문이다.

영화는 이성보다는 감성에 호소하는 문화 상품이다. 따라서 카피의 역할이 다른 상품에 비해 크며, 한 줄의 카피로 관객을 사로잡아야 한다. 영화 마케팅에서 핵심 카피라인을 정하는 것은 대단히 중요한 작업이다. 다음의 성공적인 영화 카피 사례들을 살펴보자.

〈매트릭스 2: 리로디드〉

'무엇을 상상하든 그 이상을 보게 될 것이다.'

1999년 워쇼스키 형제가 만든 〈매트릭스〉가 개봉되었을 때 엄청난 사회적 반향을 불러일으켰다. 이제까지 보지 못했던 특수 효과는 물론 영화의 내용에 관객은 충격을 받았다. 〈매트릭스〉 속 인간들이 사는 세계는 인공두뇌를 가진 컴퓨터 AI(Artificial Intelligence)가 만든 가상공간 매트릭스이고 매트릭스 밖은 인간이 가축처럼 인큐베이터에서 재배되어 기계의 에너지원으로 활용되는 끔찍한 세계다. AI에 의해 뇌세포에 '매트릭스'라는 프로그램을 입력당한 인간은 이 프로그램에 따라 평생 가상현실 속에서 살아간다. 프로그램 안에 있는 동안 인간의 뇌는 AI의 철저한 통제를 받는다. 이러한 가상현실 매트릭스를 깨기 위한 인간과 기계의 대결을 그린 〈매트릭스〉는 철학적 내용, 동서양 문화의 결합, 그리고 놀라운 특수 효과로 언론과 비평가로부터 '앞으로 SF 영화는 〈매트릭스〉 이전과 이후로 나뉠 것이다'라는 찬사를 받았다. 특히 액션 장면 촬영에 120대의 카메라로 전체를 에워싸 카메라당 1초에 100프레임을 초고속 촬영한 다음 그 영상을 컴퓨터에서 편집해 액션을 구현한 '플로 모Flow-mo' 기법은 매트릭스 이후 많은 CF 촬영에도 활용되었다(영화 초기 트리니티가 경찰을 공격하기 위해 공중 점프하는 모습과 네오가 에이전트의 총알을 피하는 장면이 플로 모 기법으로 촬영되었다).

2003년 〈매트릭스 2: 리로디드〉가 개봉할 때 전편 〈매트릭스〉에 열광한 관객의 기대는 대단히 높았다. 이러한 기대에 응답하듯 〈매트릭스 2: 리로디드〉의 헤드카피는 '무엇을 상상하든 그 이상을 보게 될 것이다'였다. 관객들은 이 카피에 열광했고, TV 방송 프로그램에서도 이 카피를 패러디하였다. 〈매트릭스 2: 리로디드〉의 카피는 관객의 기대치를 극대화하는 효과를 가져왔고 흥행에 기여했다. 재미있는 사실은 이 카피가 카피라이터의 아이디어가 아니라 제작자 조엘 실버가 미국의 한 언론과의 인터

뷰에서 영화가 어떻게 나왔냐는 질문에 '무엇을 상상하든 그 이상을 보게 될 겁니다(Whatever you imagine, you will see more than that.)'라고 답한 기사 내용을 보고 영화사가 번역해 사용했다는 사실이다.

〈결혼은 미친 짓이다〉

'이 남자와… 하고 싶다!'

여주인공 연희(엄정화)는 친구 결혼식에서 만난 준영(감우성)과 첫 만남에서 가식적인 질문과 대답을 나누다 3차로 술집까지 가게 되고 집으로 돌아가는 총알택시 비용보다 여관비가 더 쌀 것 같다는 대화를 나누다 어느새 여관으로 직행한다. 그들의 대화만큼 솔직한 섹스로 첫날밤을 시

작한 그들은 서로 다른 꿍꿍이를 갖고 연애를 시작한다. 결혼은 조건 좋은 남자와 하고, 연애는 준영과 하고 싶었던 그녀. 그녀의 위험한 양다리 걸치기가 지속될 수 있을까?

《바람부는 날이면 압구정동에 가야 한다》라는 시집으로 유명한 유하 감독의 결혼에 관한 현대 여성의 이중적 시각을 그린 영화 〈결혼은 미친 짓이다〉는 파격적인 제목만큼이나 카피도 선정적이다. 자극적인 포스터 비주얼과 맞물린 '이 남자와…하고 싶다!'라는 카피는 '섹스'라는 성적인 코드와 '결혼'이라는 성스러운 의례의 코드가 맞물려 있어 관객의 호기심을 극대화한다. 특히 포스터에서의 여성 우위의 포즈와 '이 남자와…하고 싶다'라는 카피는 여성 관객에게 수동적인 여성상이 아닌 능동적인 여성상을 보여줌으로써 여성 관객에게 강하게 어필할 수 있었다.

〈건축학개론〉

'우리 모두는 누군가의 첫사랑이었다.'

2008년 미국의 금융위기로 경제가 어려워지자 사람들은 고단한 현실을 피해 과거로 회귀하려는 경향을 보였다. 이러한 복고 경향으로 방송에서는 〈응답하라 1994〉, 영화에서는 〈써니〉, 음악에서는 7080세대의 음악이 다시 유행하기 시작했다.

복고적 사회 분위기에서 〈건축학개론〉은 풋풋하지만 서툴렀던 젊은 시절의 아득한 첫사랑의 추억을 다시 불러냈다. 누구나 이루지 못한 첫사랑은 있는 법. '우리 모두는 누군가의 첫사랑이었다'라는 카피는 카피를 읽는 관객들이 감정이입하게 하면서 영화에 대한 호의적인 반응을 가져왔다. 흥미 있는 사실은 〈건축학개론〉은 로맨틱 드라마임에도 불구하

고 첫사랑을 그리워하는 30대 후반, 40대 초반의 남성 관객이 많이 찾았다고 한다.

〈조폭 마누라〉

'꿇어!'

한국영화에서는 조폭이 등장하는 영화가 하나의 장르를 형성할 정도로 인기가 있다. 대표적으로는 〈두사부일체〉, 〈가문의 영광〉의 조폭 코미디, 〈친구〉, 〈범죄와의 전쟁: 나쁜 놈들의 전성시대〉의 조폭 드라마, 〈약속〉의 조폭 멜로드라마가 있다. 〈조폭 마누라〉는 조직의 여자 보스가 자신의 신분을 속이고 거짓 결혼을 한다는 설정의 조폭 코미디 영화다. 〈조폭 마누라〉는 1년 중 경쟁이 가장 치열한 추석 시즌에 개봉했다.

영화 카피 '꿇어'라는 말은 조폭 간의 대결에서 상대방에게 패배를 인정하라는 용어로 관객이 기억하기 쉽게 간결하다. 또한 당시 많은 경쟁작에게 패배를 인정하라는 이중적인 의미도 가지고 있다. 제목보다 카피를 더 강조한 포스터는 관객들에게 강한 인상을 주었고 흥행에 대성공하여 세 편의 시리즈가 제작되었다.

포스터Poster campaign: 영화의 얼굴

영화의 크리에이티브 측면에서 가장 중요한 것은 무엇보다도 포스터 캠페인이다. 왜냐하면 포스터는 영화를 나타내는 얼굴과 같기 때문이다.

사람이 얼굴로 기억되듯이 영화도 포스터 비주얼로 기억된다. 〈바람과 함께 사라지다〉를 생각하면 떠오르는 것은 무엇인가? 바로 클라크 게이블이 비비안 리를 안고 있는 포스터 비주얼이다. 〈벤허〉 하면 거대한 석상 아래서 달리는 마차가 그려진 포스터가 떠오른다. 잘 만든 포스터는 영화의 콘셉트를 잘 전달할 뿐 아니라, 관객에게 소유하고 싶은 욕구를 불러일으킨다. 할리우드에서는 영화 포스터가 관광객에게 인기 있는 상품이다.

포스터는 영화의 콘셉트, 스토리, 셀링 포인트 등을 고려하여 만들어진다. 특히 스타 배우가 나오는 경우에는 배우를 메인으로 하는 포스터를 제작한다. 포스터는 마케팅 관점에서 티저 포스터, 본 포스터, 캐릭터 포스터로 나눠진다.

1) 티저 포스터

영어 단어 'tease'는 '감질나게 하다'라는 의미로 마케팅에서 '티저 캠페인'은 상품을 본격적으로 소비자에게 알리기 전에 일종의 '맛보기 식'으로 소비자의 호기심을 유도하는 것이다. 티저 포스터는 영화의 상징적인 의미만을 전달하여 관객의 호기심을 자극한다. 일반적으로 티저 포스터는 마케팅 기간이 긴 블록버스터 무비나 스릴러, 공포 영화에서 주로 사용된다. 티저 포스터의 성공 사례는 다음과 같다.

〈숨바꼭질〉

2013년 여름 개봉한 〈숨바꼭질〉의 주연배우인 손현주와 전미선은 연기력은 뛰어나지만 관객을 극장으로 끌어들일 만큼 대중적인 인기는 없었다. 손현주는 TV 드라마 〈솔약국집 아들들〉, 〈추적자〉로 인지도가 있었지만 영화 주연으로는 첫 작품이었다. 제작사 NEW는 배우에 집중하는 대신에 '우리 집에 낯선 사람이 숨어 살고 있다'라는 도시 괴담으로 관객

의 호기심을 자극하는 전략을 사용했다. 티저 포스터는 정체 모를 숫자와 암호가 적혀있는 아파트 초인종 비주얼과 '숨바꼭질 괴담을 들어본 적이 있나요?'라는 짤막한 카피로 구성되었다. 〈숨바꼭질〉은 티저 캠페인의 성공으로 당초의 흥행 예상을 훨씬 뛰어넘는 560만의 관객을 동원하며 한국영화 스릴러 부문에서 〈추격자〉가 가지고 있던 507만 명의 기록을 갱신하였다.

〈컨저링〉

비슷한 시기에 개봉한 외화 〈컨저링〉 역시 티저 캠페인이 성공한 케이스다. 영화 〈컨저링〉은 1971년 로드아일랜드의 해리스빌로 이사 간 페론 가족에게 실제로 일어난 사건으로 퇴마사 워런 부부의 기록을 바탕으로 만든 공포 영화이다. 〈컨저링〉은 셀링 포인트로 할 스타 배우가 나오지도 않고, 배경도 1971년이라 올드한 느낌의 공포 영화이다. 내용 역시 〈

엑소시스트〉와 〈파라노말 액티비티〉를 합쳐 놓은 것 같아서 참신함도 떨어졌다. 더구나 외화보다 한국의 공포 영화를 선호하는 상황에서 달리 관객의 호기심을 자극할 요소가 없었다. 그러던 중 미국에서 〈컨저링〉의 등급이 R등급(우리나라 기준 청소년 관람불가)이 되었는데 '특별히 잔인한 장면도 없이 R등급이 된 것은 영화가 주는 공포감 때문이다'라며 기사화 되었다. 영화사는 이 기사를 이용해 '무서운 장면 없이 무서운 영화'라는 카피 중심의 티저 포스터를 만들었다.

하얀색 바탕에 비주얼 없이 간결한 카피의 티저 포스터는 관객에게 강렬한 인상과 '무서운 장면 없이 어떻게 공포 영화라 할까' 하는 호기심을 자극했다. 〈컨저링〉은 226만 관객을 동원하여 〈식스 센스〉가 가지고 있던 160만 명의 기록을 깨면서 역대 해외 공포 영화 흥행 1위가 되었다. 〈컨저링〉의 티저 포스터는 미국 워너 브라더스가 아니라 한국 지사에서 별도로 만들었다. 이런 현지화 작업이 바로 마케팅의 힘이다.

〈다크 나이트〉

영화 〈배트맨〉 시리즈는 1989년 팀 버튼 감독이 DC 코믹스의 히어로 캐릭터인 배트맨을 영화화 하면서 시작되었다. 〈배트맨〉은 공전의 히트를 하였지만, 속편인 〈배트맨 2〉에서는 팀 버튼 감독 고유의 어둡고 괴기한 분위기가 더욱 강해져 관객의 반응은 부정적이었다. 제작사인 워너 브라더스는 팀 버튼 감독을 몰아내고 3편인 〈배트맨 포에버〉와 4편 〈배트맨과 로빈〉을 당시 흥행 감독이었던 조엘 슈마허 감독에게 맡겼다. 그러나 조엘 슈마허 감독이 원작의 철학적 코드를 없애고 가족 영화 수준의 액션 영화로 만들자 〈배트맨〉 시리즈는 관객의 외면을 받게 되었

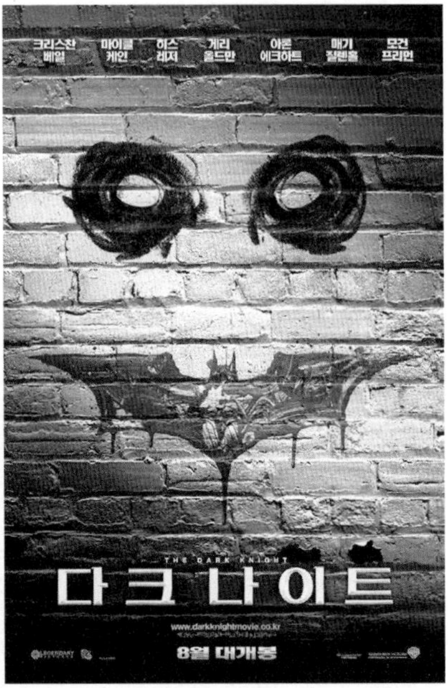

〈다크 나이트〉 시리즈 티저 포스터 3종

다. 특히 〈배트맨과 로빈〉이 '초딩 수준의 영화'라는 혹평과 함께 흥행에 실패하자 배트맨 시리즈는 더 이상 제작되지 못했다. 그리고 2005년이 되어서야 비로소 크리스토퍼 놀란 감독의 손에서 〈배트맨 비긴즈〉로 재탄생할 수 있었다. 크리스토퍼 놀란 감독의 배트맨 시리즈 2편은 기존의 배트맨이라는 타이틀을 버리고 배트맨의 별명이라 할 수 있는 〈다크 나이트〉를 영화 제목으로 정했다. 마케팅 측면에서 인지도 높은 '배트맨'이라는 제목을 포기하고 낯선 제목을 택한 것은 큰 모험이었지만 배트맨이라는 제목이 가지고 있는 부정적인 요소를 없애는 효과가 있었다. 〈다크 나이트〉는 주인공 배트맨보다 악당인 조커에 집중하는 티저 캠페인 전략을 구사하여 관객의 호기심을 자극했다. 특히 조커의 극 중 대사인 '왜 그렇게 심각해(Why so serious)?'라는 카피가 주목을 받았다. 〈다크 나이트〉 티저 포스터는 고담시 담벼락에 낙서하듯 그린 조커 이미지, 희미한 이미지의 조커, 트럼프의 조커 카드로 만든 배트맨 이미지로 총 세 종류다. 이 티저 포스터들은 조커의 대사를 카피로 했으며 조커가 핏빛 입술로 웃는 모습의 이미지를 강조했다. 배트맨, 아이언맨, 슈퍼맨과 같이 시리즈물 액션 영화에서는 주인공의 이미지가 고정되어 있기 때문에 어떤 악당이 나오느냐가 영화 흥행에 중요한 영향을 미친다. 〈다크 나이트〉의 악당 조커는 주인공 배트맨의 인기를 능가했다. 이 인기에 힘입어 미국의 영화 전문 사이트 와치모조와 영국의 영화 잡지 〈토탈필름〉에서 역대 최고의 악당 캐릭터로 조커가 선정되었다. 조커를 활용한 티저 캠페인은 신선함을 불러일으키면서 408만의 관객을 동원하였다. 이는 전작이었던 〈배트맨 비긴즈〉의 92만 관객의 약 4.5배에 해당하는 흥행 성과였다.

2) 메인 포스터

메인 포스터는 영화의 핵심 이미지이다. 인쇄 매체, 온라인, 아웃도어 등의 광고에 활용한다. 따라서 아무리 잘 만든 영화라도 포스터 캠페인이 잘못되면 마케팅은 실패하기 쉽다. 그러면 메인 포스터는 어떤 요소를 갖추고 있어야 할까?

■ 첫째, 영화의 콘셉트와 스토리를 잘 전달할 수 있어야 한다.

관객은 포스터로 영화를 판단한다. 따라서 영화가 가지고 있는 콘셉트와 스토리를 포스터로 알려주어야 한다. 최민식, 하정우 주연의 〈범죄와의 전쟁: 나쁜 놈들 전성시대〉 포스터는 80년대 당시 조폭 분위기를 잘 나

타낸다. 임수정, 류승룡, 이선균 주연의 〈내 아내의 모든 것〉 역시 영화의 스토리를 잘 전달한다. 특히 '오늘 아내에게 카사노바를 선물했다'라는 카피와 포스터 비주얼이 잘 어우러진다.

■ **둘째, 영화의 장점을 최대한 부각시켜야 한다.**

이를 잘 보여주는 포스터는 스타 셀링을 하는 영화와 특수 효과를 셀링 포인트로 하는 영화의 포스터이다. 톰 크루즈 주연의 〈미션 임파서블〉 시리즈와 브루스 윌리스의 〈다이하드〉 시리즈는 주연배우를 내세운 포스터를 만들었다. 한국영화의 경우에는 하정우 주연의 〈더 테러 라이브〉, 최민식, 이정재, 황정민 주연의 〈신세계〉가 있다.

■ 셋째, 임팩트가 강해야 한다.

포스터는 지하철, 버스 정류장, 극장 로비 등 옥외 매체의 광고에 게시하기 때문에 지나가는 사람들이 포스터를 보는 시간은 몇 초뿐이다. 불과 몇 초 안 되는 짧은 시간에 관객의 시선을 사로잡아야 한다. 영화 〈미션 임파서블: 로그네이션〉의 티저 포스터는 수송기 문에 매달린 톰 크루즈의 모습이 담긴 한 컷의 사진을 포스터로 만들어 관객들의 시선을 사로잡았다.

■ 넷째, 관객의 상식에 반하면 더 기억하기 쉽다.

사람들은 자신의 상식을 벗어난 것을 보거나 들으면 '왜 그럴까' 하는 호기심이 생긴다. 따라서 관객의 상식에 반하는 포스터는 관객의 주목을

국내용 포스터

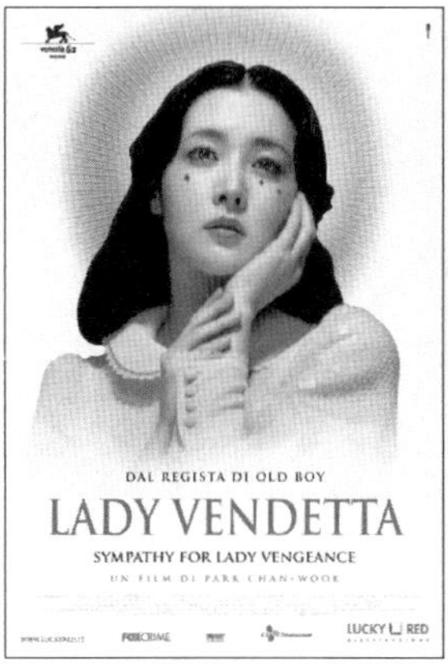

유럽용 포스터

중국용 포스터

받는다. 하정우, 공효진 주연의 로맨틱 코미디 〈러브픽션〉의 포스터를 보면 하정우는 '제발 가지마'라고 매달리며 공효진은 한심하다는 표정으로 관객을 바라본다. 관객은 상황이 역전된 느낌을 받게 되어 포스터에 주목하게 된다.

포스터 캠페인은 반드시 한 가지 종류로만 만들어지지 않는다. 관객층에 따라 가족용, 성인용 포스터 캠페인으로 홍보한다. 특히 애니메이션의 경우 가족을 겨냥한 포스터와 일반 성인을 대상으로 한 포스터가 별도로 제작된다. 또한 지역적, 국가적 특성 때문에 각각의 캠페인을 제작하는 경우도 있다. 할리우드 메이저사는 국내용과 인터내셔널용을 따로 제작하는 경우가 있는데 인터내셔널용은 각국의 정서를 고려하여 제작한다. 할리우드는 아시아 시장이 점점 커지자 아시아 지역의 선호도를 조사하여 여러 개의 메인 포스터 캠페인을 결정하기도 한다. 한국영화도 해외에 진출하게 되면서 지역에 따라 다양한 포스터를 제작하기도 한다. 메인 포스터 성공의 예는 다음과 같다.

〈러브 액츄얼리〉

매년 연말이 되면 청춘 남녀들은 '올해도 내 짝을 찾지 못하고 넘어가나?' 하는 마음으로 허전해진다. 그런 마음을 달래기 위해 연말에는 로맨틱 코미디가 청춘 관객의 관심을 끈다. 〈러브 액츄얼리〉는 휴 그랜트, 콜린 퍼스, 리암 니슨, 키이라 나이틀리 등이 등장하며 여러 커플의 이야기를 직물을 짜듯이 촘촘히 구성한 따듯한 로맨틱 코미디이다. 극 중 캐릭터들은 서로 무관해 보이지만 연결되어 있고, '사랑은 늘 당신 곁에 있다'고 말한다.

영화 포스터를 보면 빨간색 띠가 눈에 띈다. 크리스마스 선물용 상자에 사용하는 빨간색 띠는 연말이라는 느낌과 뭔가 소중한 내용이 담겨져 있을 것 같은 느낌이 들게 한다. 만약 이 띠가 없었다면 캐릭터들만 나열된 산만한 포스터로 전락했을 것이다.

〈부러진 화살〉

영화 〈부러진 화살〉은 2007년 성균관대학교 수학과 김명호 교수가 복직 소송 중에 판결에 불만을 품고 판사에게 석궁을 쏜 사건을 바탕으로 만들어진 사회 고발 영화이다. 당시 김명호 교수는 수능 수학 문제의 오류를 지적해 자신을 해고한 대학을 상대로 복직 소송을 하였다.

〈남부군〉, 〈하얀 전쟁〉 등 사회 문제를 다뤘던 정지영 감독은 이 영화를 통해 사법 권력을 고발했다. 영화 포스터는 무채색 톤의 배경에 김명호 교수 역의 안성기가 양복 차림을 하고 한 손에는 석궁을, 다른 한 손에는 서류 가방을 든 모습으로 정면을 응시하고 있다. 그리고 '이 남자의 분노에 주목하라'는 붉은색의 카피가 대각선으로 주인공의 비주얼을 관통하고 있다. 전형적인 영화 포스터의 관점에서 보면 전체적인 톤이 무겁고 카피의 배열이 언밸런스하지만 권력에 대항하는 한 중년 남자의 분노를 잘 표현하고 있다.

〈300: 제국의 부활〉

영화 〈300〉의 속편으로 세계 3대 해전으로 유명한 살라미스 해전을 배경으로 한 영화이다. 그리스 해군 총사령관 테미스토클레스와 페르시아 해군 총사령관인 아르테미시아가 전편의 액션에 비해 더 큰 스케일로 격돌한다. 특히 아르테미시아 역을 맡은 에바 그린의 연기는 남자 배우를 압도했다. 그러나 안타깝게도 〈300: 제국의 부활〉은 전편의 흥행 기록을 넘지 못하고 180만 관객에 그쳤다. 테미스토클레스 역을 한 설리반 스탭플턴은 국내에 생소한 배우였기 때문에 관객의 주목을 받기에는 임팩트가 약했다. 그리고 핏빛 파도 배경의 정적인 포스터는 역동적인 액션을 기대하는 관객에겐 좀 실망스런 포스터였다.

이와 반대로 〈300〉의 메인 포스터는 레오니다스 왕만 담긴 포스터의 비주얼이 약하다는 지적에 멀티 캐릭터를 활용하여 수정했다. 〈300: 제

〈300: 제국의 부활〉 메인 포스터

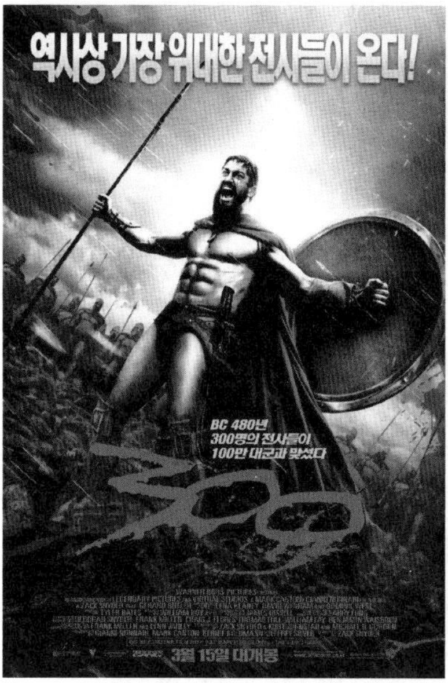

오리지널 메인 포스터

수정된 메인 포스터

국의 부활〉도 아르테미스 역을 한 에바 그린을 활용하여 포스터를 만들었다면 더 효과적이었을 것이다.

3) 캐릭터 포스터

캐릭터 포스터는 다중 캐릭터의 영화에서 메인 포스터를 보완하기 위해 만든다. 대표적인 다중 캐릭터의 영화로는 〈반지의 제왕〉, 〈해리 포터〉 등이 있다. 다중 캐릭터는 영화를 더 풍성하게 만들며, 다양한 관객층을 공략할 수 있는 장점이 있다. 예를 들어 〈해리 포터〉 시리즈에서는 주인공 해리 포터 외에 론과 헤르미온느가 등장한다. 해리 포터는 여성 관객에게 어필하는 반면, 헤르미온느는 남성 관객에게 어필하고 론은 남녀 모두에게 사랑을 받는 캐릭터이다. 〈반지의 제왕〉 시리즈의 경우 프로도, 간달프, 레골라스, 갈라드리엘, 사루만 등 다양한 캐릭터들이 등장한다. 〈레미제라블〉에서는 장발장, 코제트, 자베르, 판틴이 등장한다. 국내의 경우 다양한 캐릭터가 등장하는 영화가 드물긴 하지만 성공적인 사례로는 〈도둑들〉, 〈암살〉의 예를 들 수 있다.

〈레미제라블〉의 캐릭터별 포스터

매체 광고 전략

매체의 변화

80년대 영화 광고 매체는 지극히 단순하여 주 매체가 신문이었고, 길거리 게시판에 포스터를 붙이는 정도가 고작이었다. 신문광고도 소규모 사이즈의 흑백 광고가 전부였다. 80년대 말 미국의 직배사가 국내에 진출하면서 영화 광고는 신문에서 TV로 확대되었다. 그러나 90년대까지도 신문이 주 매체였고 TV 광고는 블록버스터 무비에 한정되었다.

2000년대 인터넷의 등장으로 영화 광고 매체는 신문, 잡지, TV와 같은 전통 매체에서 인터넷으로 확대되었다. 특히 기존 매체가 일방적으로 메시지를 전달하는 일방향 매체(one-way media)인 데 반해, 인터넷은 상호 교류가 가능한 쌍방향 매체(interactive media)였기 때문에 새로운 광고 전략을 가능하게 했다. 인터넷의 등장으로 인쇄 매체는 영향력을 점차 상실하여 더 이상 영화 광고의 주 매체라는 지위를 유지할 수 없게 되었다.

2000년대 후반 VOD 서비스, IPTV, 유튜브, 스마트폰 등 뉴 미디어의 출현으로 매체의 개인화 및 다매체화 시대가 열렸다. 특히 젊은 세대들은 소위 '본방사수'보다 '다시보기'의 기능을 가진 VOD, IPTV와 케이블 TV의 재방송 시청률이 높기 때문에 공중파 TV의 영향력이 급격히 떨어지고 있다.

이와 같이 인쇄 매체와 공중파 TV 같은 전통 매체의 영향력 상실과 매체의 개인화, 다매체화로 인해 영화 광고의 매체 선정이 더욱더 어려워지고 있는 상황이다. 또한 전통 매체의 영향력 상실과 매체의 세분화 현상은 광고비의 증가를 초래했다. 올해 개봉된 영화가 2~3년 전과 같은 TV 매체의 도달률을 얻기 위해서는 더 많은 광고비를 투자해야 한다. 또한 새로운 매체의 증가로 추가 집행 부담도 생겼다. 그러나 한정된 시장을 타깃으로 한 영화에게 매체 환경의 변화는 긍정적으로 작용한다. 매체의 세분화로 타깃 관객을 정확하게 공략할 수 있게 되었기 때문이다. 일례로 〈부러진 화살〉과 〈컨저링〉은 아주 적은 광고비로도 한정된 핵심 타깃에 집중함으로써 흥행에 성공할 수 있었다. 최근 페이스북, 트위터와 같은 소셜 네트워크 서비스와 스마트폰의 대중화로 인해 기존의 푸시형 광고에서 벗어난 새로운 광고의 시도가 가능해졌다.

매체 광고 전략Media strategy

영화 배급사들은 예상 흥행 수입, 경쟁 관계, 방학, 크리스마스 시즌과 같은 계절적 요인을 고려하여 광고비 규모를 정하며 타깃 관객에 초점을 맞추어 광고 매체를 결정한다.

일반적으로 타깃 관객층이 넓은 블록버스터 무비의 경우 모든 유형의 관객에게 도달할 수 있는 공중파 TV와 케이블 TV에 집중한다. 이 두 매체에 광고비를 가장 많이 투자하며 평균적으로 광고비의 40~50%를 소모한다. 온라인과 모바일의 영향으로 급속히 힘을 잃어가는 인쇄 매체 광고비는 점차 줄어들고 있다. OECD 브로드밴드 통계 보고서에 따르면 우리나라의 초고속 인터넷 보급률이 2011년에 100.6%로 OECD 국가 내 1위이며, 영화의 주 타깃 관객이 인터넷 사용자이기 때문에 다른 나라에 비해 인터넷 광고의 비율이 높은 편이다. 옥외 광고의 경우 대중의 이동이 많은 대중 교통수단인 지하철이나 버스, 일반인들이 많이 모이는 장소

매체	관객 도달속도	구매 리드타임	지역	도달범위
공중파 TV	빠름	길	전국	넓음
케이블 TV	빠름	길	전국	넓음
인터넷	빠름	길	전국	넓음
신문	중간	짧음	전국(중앙일간지) 수도권(무가지)	중간
잡지	느림	짧음	전국	중간
아웃도어	느림	길	지역	좁음

매체별 특성 비교

출처: 로버트 매리치 저, 김상훈, 안성아 역, 《영화마케팅 바이블》, 북코리아

인 쇼핑몰, 극장 멀티플렉스, 또는 타깃 관객인 대학생들이 밀집되어 있는 대학가 주변에 집중하여 홍보한다. 옥외 광고는 전달되는 속도가 느리기 때문에 개봉 한두 달 전부터 게시한다.

매체 광고를 고려할 때 가장 중요한 요소는 도달률과 빈도이다. 도달률이란 측정 기간 내에 타깃 가구나 개인에게 최소한 한 번 이상 광고가 노출된 비율을 말한다. 이것은 광고가 얼마나 넓게 퍼졌는지를 측정하는 것이므로 타깃 가구나 개인이 여러 번 광고를 본 횟수와는 상관없이 보았는지의 여부만 조사한다. 반면에 빈도는 타깃 가구나 관객에게 얼마나 많이 노출되었는가를 측정하는 것이다. 타깃 가구나 관객에게 도달한 횟수가 광고 캠페인의 깊이를 나타낸다. 매체 광고를 홍보하는 데에 있어 도달률과 빈도의 적절한 결합이 필요하다. 너무 넓게 도달하려고 하면 빈도수가 떨어져 광고의 임팩트가 떨어지는 경우가 있다. 반대로 빈도수를 늘리면 넓은 타깃의 관객들을 커버하지 못하며 불필요한 과잉 노출이 발생한다.

또한 공중파 TV나 케이블 TV, 인터넷 광고 구매 시 중요하게 고려되는 요소 중 CPM(Cost Per Mille)이 있다. 이는 천 명의 가구나 개인에게 도달하는 데에 드는 비용으로 매체 광고의 효율성을 측정할 때 사용된다. CPM이 낮을수록 효율적인 구매라 할 수 있지만 낮은 CPM이 반드시 효과적인 광고라고는 단정할 수 없다. 예를 들어 시청률이 낮은 프로그램의 경우 광고 비용이 저렴하기 때문에 CPM이 낮지만 타깃 관객에게 효과적으로 도달할 수 없다. 반면에 시청률이 좋은 프로그램의 경우 비용이 비싸기 때문에 CPM이 높지만 타깃 관객에게 효과적으로 도달할 수 있다. 이러한 점을 고려하면 지나치게 낮은 CPM을 고집하는 것은 바람직하지 않다.

블록버스터 무비처럼 광고 예산이 풍부한 영화는 도달률과 빈도라는 두 마리 토끼를 잡을 수 있다. 그러나 중간 이하의 흥행을 기대하는 영화는 타깃 가구나 관객의 범위를 좁게 상정하여 노출 빈도를 늘려 광고의 임팩트를 높이는 전략이 바람직하다. 영화 광고의 경우 일반 상품 광고에 비해 소비자의 광고 집중도가 높은 편이기 때문에 낮은 노출 빈도로도 소비자에게 구매(관람) 욕구를 불러일으킬 수 있다.

영화라는 상품은 라이프 사이클이 지극히 짧기 때문에 개봉 전에 집중적으로 광고하고, 개봉 후에는 관객의 입소문에 의지한다. 따라서 개봉 전 효과적인 광고가 흥행의 성패를 좌우한다. 일단 개봉 주말에 관객 동원에 실패하면 전략을 수정해서 새롭게 광고를 시도해도 만회할 수 없다.

미디어 플래닝

미디어 플래닝은 효율적이고 효과적인 매체 운영에 대한 계획이며 다음과 같은 요소를 고려한다.

1) 경쟁 상황 분석

우선 경쟁작들의 광고비 집행 금액, 집행 매체, 집행 패턴을 분석한다. 경쟁작의 광고비는 얼마나 집행하는가, 어느 매체가 주 집행 매체인가, 개봉 전과 후에 어느 정도의 비중으로 집행하는가, 개봉 몇 주 전부터 집행하는가 등을 분석한다.

2) 타깃 분석

타깃 관객을 분석하고 이들에게 가장 효과적으로 접근할 수 있는 매체를 찾는다.

3) 매체 목표 설정

각 매체별 도달 가능한 목표를 설정한다.

4) 미디어 믹스

정해진 광고 예산에서 메시지가 소비자에게 가장 효율적으로 도달할 수 있도록 매체를 편성하고 미디어 운영 방법을 결정한다.

5) 적정 광고비 산출과 스케줄링

경쟁사 광고비, 예산 수준, 캠페인 상황(론칭·유지), 개봉 후 흥행 실적 등을 고려하여 도달률 목표 설정과 CPRP 목표 설정에 합당한 적정 광고비를 산출한다. 적정 광고비를 근거로 각 매체별 스케줄을 편성한다.

6) 매체별 세부 운영 전략

각 매체별 예산이 확정되면 운영 방법에 대한 세부 운영 전략을 짠다. 예를 들어 공중파 TV의 경우 전국권과 지방권 TV 광고의 비율은 어떻게 할 것인가, 어떤 성격의 프로그램을 구매할 것인가, 어느 시간대의 프로그램을 집중 구매할 것인가, 어느 타깃 시청자를 대상으로 할 것인가 등의 세부 운영 전략을 짠다.

일반 상품 광고 캠페인의 경우 보통 3~4개월 정도로 광고하는 데 반해 영화 광고의 경우 1~2개월로 일반 상품 광고보다 캠페인 기간이 짧고 영화 개봉 전에 집중적으로 집행한다.

매체별 광고

1) TV 광고

TV는 영상과 음향을 동시에 전달할 수 있는 매체라는 점에서 영화 광고에서 가장 효과적인 매체이다. 따라서 TV 광고가 광고비에서 가장 많은 비중을 차지한다. 1970년대 초, 선 클래식이라는 영화사가 처음 TV 광고를 시작했다. 그리고 1971년 워너 브라더스의 〈빌리 잭〉이 전국적인 TV 광고로 대성공을 거두자 영화 마케터들은 TV 광고가 영화의 핵심 광고 매체임을 알게 되었다.

■ 공중파 TV

공중파 TV는 커버리지에 따라 전국 프로그램과 지역 프로그램으로 나뉜다. 광고 스팟의 길이는 30초, 20초, 15초이며 전국 프로그램은 15초 광고가, 지방 프로그램은 20초가 주를 이룬다. 또한 스팟이 노출되는 위치에 따라 프로그램 광고(program spot)와 스테이션 브레이크 광고(station break spot)로 나뉜다. 프로그램 광고는 프로그램 전과 후에 노출되는 광고이며 스테이션 브레이크 광고는 프로그램과 프로그램 사이에 노출되는 광고이다.

블록버스터 무비의 경우 전국을 대상으로 하기 때문에 전국을 커버하는 프로그램 광고를 주로 구매하지만 지방에서 더 좋은 흥행 성적을 기대할 수 있는 액션, SF 장르의 영화의 경우 지역 프로그램을 비중 있게 구매하는 경우도 있다.

TV 광고는 비주얼 상으로 임팩트가 있는 광고가 효과적이기 때문에 액션, 어드벤처 장르와 특수 효과가 많이 있는 SF, 판타지 장르의 영화에 적합하다. 드라마와 코미디의 경우 15초에 메시지를 충분히 전달할 수 없기 때문에 공중파 TV 광고에는 적합하지 않다.

공중파 TV는 전국을 단시간에 커버할 수 있는 장점이 있지만 다음과 같은 단점도 있다.

첫째, 광고비가 비싸다.
공중파 TV의 영향력이 점차 감소하고 있다. 특히 영화의 주 관객층이라 할 수 있는 10대와 20~30대 젊은 세대의 공중파 TV 시청률이 급격히 감소하면서 과거와 같은 도달률을 얻기 위해서는 더 많은 비용이 요구된다. 경험상 공중파 TV에 광고하기 위해서는 최소 3억 원 이상의 광고비를 투자해야 하며 그 이하 비용의 집행은 원하는 효과를 얻지 못한다. 공중파 TV는 비싼 광고비로 인해 예산이 적은 영화에는 활용할 수 없는 단점이 있다.

둘째, 양질의 프로그램을 확보하기가 쉽지 않다.
6개월 또는 1년 이상 긴 시간 동안 광고하는 일반 상품에 비해 영화는 길어야 3주 정도의 짧은 광고 기간을 가지기 때문에 양질의 프로그램을 구매하기가 쉽지 않다. 시청률이 높은 인기 프로그램은 대기업이 장기

계약으로 확보하고 있거나, 낮은 시청률의 프로그램과 패키지로 묶여 있거나, 또는 일정 금액 이상의 광고비를 해당 방송국에 지불해야 가능하기 때문에 단기간 광고를 집행하는 영화사로서는 쉽게 구매할 수 없다.

셋째, 방송통신심의위원회의 심의가 까다롭다.
공중파 TV는 전 계층에 노출되는 매체이기 때문에 선정적이거나 폭력적인 장면에 민감하다. 일례로, 과도한 키스나 칼로 직접 찌르는 장면 등은 삭제된다.

넷째, 등급 심의를 통과해야만 광고가 가능하다.
공중파 TV의 경우 반드시 관람 등급 심의를 거쳐야만 광고가 가능하다. 미국과 동시 개봉을 하는 블록버스터 무비는 프린트 수급의 문제로 개봉에 임박해서 관람 등급 심의를 얻는 경우가 있다. 이런 경우 개봉 주에 광고를 하거나, 광고를 포기해야 하는 경우가 발생한다. 또한 청소년관람 불가 등급을 받으면 밤 10시 이전에는 광고할 수 없어 프로그램 구매에 상당한 제한이 따른다.

TV 광고 스팟에서 한국영화는 한 가지 광고만을 제작해 홍보하는 경우가 많은데, 반면 외화는 성별, 연령, 가족 관객 여부에 따라 다양한 광고를 제작해 홍보에 이용한다.

그리고 관객의 반응을 광고에 담은 증언식 광고(testimonial ads)와 언론과 평론가의 리뷰를 담은 리뷰 광고(review ads)도 관객의 신뢰를 얻을 수 있다. 일례로 〈컨저링〉 개봉 당시에 미국 관객과 한국 관객이 시사

TV 캠페인 명	광고 길이	타깃 관객
Epic Conclusion	90초	전체 관객(all movie-goers)
Confront Your Fate	60초	15-34 관객
The End	30/20/15초	15-34 남성 관객
Captivate	30/15초	15-34 여성 관객
Every Journey	30/15초	가족 관객
Conceal	30/15초	청소년 관객

〈해리 포터와 죽음의 성물 2〉 TV 캠페인의 예

회 중 놀라는 장면을 담은 광고는 상당한 효과를 발휘했다.

■ 케이블 TV 광고

케이블 TV는 공중파 TV에 비해 채널이 다양하고, 가격이 저렴하며, 광고 집행의 유연성이 뛰어나다. 케이블 채널의 시청자는 공중파 TV에 비해 좀 더 세분화되어 있다. 예를 들어 TVN과 같은 엔터테인먼트 채널은 20~30대 남녀 모두, 스포츠나 게임 채널은 남자가 주로 시청한다. 드라마, 패션·요리 채널은 여성, 애니메이션 채널은 아동이 주 시청자이다. 따라서 여성 관객 타깃의 영화는 드라마, 엔터테인먼트, 패션·요리 채널에 비중을 두어 광고하고, 10~20대 남성 관객 타깃의 영화는 스포츠, 게임 채널 등에 비중을 두어 광고한다.

공중파 TV에 비해 유연성 면에서도 뛰어나 이벤트성 60초 광고, 화면 하단에 자막으로 처리하는 광고(screen scrawler)와 모션 캡처 같은 방식 등의 다양한 광고를 할 수 있다. 특히 프로그램 중간 광고가 가능하기 때문에 도달률이 더 높다. 케이블 채널 선정 시에는 시청률, CPRP, 보너스율, 이슈 프로그램 보유 여부, 판매 정책 등을 고려한다.

케이블 광고는 공중파에 비해 커버리지(보급률)가 낮고 시청률이 떨어진다는 단점이 있지만 상대적으로 가격이 싸고 30초 광고가 가능하기 때문에 15초 위주의 공중파에 비해 영화의 메시지를 더 잘 전달할 수 있다. 이 때문에 드라마나 코미디 장르 영화 광고에 적합하다. 무엇보다 케이블 광고의 장점은 관람 등급을 받기 이전에도 광고가 가능하다는 점이다. 이 경우 개봉일을 고지할 수는 없지만 개봉에 임박해서 관람 등급을 받는 블록버스터 영화에게는 사전에 광고할 수 있는 귀중한 매체이다. 케이블 TV는 공중파 TV와 함께 광고할 경우 좀 더 높은 효과를 얻을 수 있다. 공중파 TV에 광고하기에는 무리가 있는 중급 이하의 영화에 효과적인 매체이다.

2) 신문광고

신문광고는 90년대 중반까지 전체 광고비의 50%까지 육박했던 영화 광고의 주 매체였다. 주요 일간지와 스포츠, 연예 분야를 다룬 스포츠 신문이 주로 영화 광고를 다루었다. 그러나 2000년대 인터넷이 등장하면서 신문은 영향력을 급격히 상실했고, 이후 지하철 역사를 중심으로 무료로 배포되는 무가지가 일간지와 스포츠지를 대체하였다. 무가지는 스마트폰이 등장하면서 영향력을 급격히 상실하여 유명무실한 실정이다.

신문이 광고 매체로써의 영향력은 많이 상실했지만 다양한 광고 기법을 활용할 수 있다는 점에서 효과적인 매체이다. 신문광고 기법을 보면 다음과 같다.

〈다크 나이트〉 매트로 벌크 광고

〈해리 포터와 죽음의 성물 2〉 양전면 광고

■ 신문 커버 광고(cover-wrap ads)

무가지의 경우 신문 1면에 광고를 게재하여 독자들에게 도달률을 높일 수 있다.

■ 양전면 광고(center-spread ads)

신문 내지의 양전면에 광고를 게재하여 시각적 임팩트를 줄 수 있다. 양전면 광고는 스케일이 큰 액션, SF, 판타지 장르의 블록버스터 무비를 광고할 때 효과적이다.

■ 돌출 광고

신문 기사 중앙에 돌출되게 광고하여 독자들의 시선을 집중할 수 있다.

〈스트레스를 부르는 그 이름 직장상사〉의 돌출 광고

예산이 부족한 영화가 관객의 관심을 끌 수 있는 효과적인 방법이다.

■ 시리즈 광고

일정한 주제를 가지고 시리즈 형식으로 광고하는 방식이다. 관객들에게 일정한 메시지를 전달하는 데에 효과적인 방법으로 영화 〈버킷 리스트: 죽기 전에 꼭 하고 싶은 것들〉이 개봉했을 때 시리즈 광고로 효과를 거두었다. 이 영화는 모건 프리먼과 잭 니콜슨이 실제 극 중에서 해 보는 버킷 리스트를 시리즈 광고로 만들었다.

〈버킷 리스트: 죽기 전에 꼭 하고 싶은 것들〉 시리즈 광고

■ 변형 광고

신문의 지면을 다양한 디자인으로 변형하여 광고하여 관객의 시선을 끌 수 있다.

〈다크 나이트〉 스프레드 변형 광고

3) 잡지 광고

영화의 잡지 광고는 주로 영화 관련 잡지에 게재하는데 다른 인쇄 매체와 마찬가지로 인터넷과 스마트폰의 등장으로 영향력을 상실하고 있다. 그러나 영화 잡지는 영화의 헤비유저가 구독하고 이들이 오피니언 리더 역할을 한다는 점에서 아직 영화 광고 매체로 유효하다. 영화 잡지 이외에도 여성 관객이 주 타깃인 드라마, 로맨틱 코미디 영화의 경우 여성 잡지에도 광고된다. 여성지는 열독율과 회독률(여러 사람이 돌려보는 것)이 높기 때문에 여성 타깃 영화의 광고 매체로 활용할 수 있다. 또한 애니메이션과 같은 아동 영화는 아동용 애니메이션 잡지, 교육 잡지에 광고되기도 한다.

4) 라디오 광고

라디오는 단지 음향만 전달하기 때문에 비주얼을 중요시하는 영화 광고에서는 영향력이 적은 매체이지만 시간대별 청취자군이 명확하다는 장점이 있다. 출퇴근 시간대에는 대학생과 직장인, 오후 시간대에는 직장인 여성과 주부, 심야 시간대에는 중고생이 주요 청취자로 타깃을 세분화하여 공략할 수 있다. 또한 타 매체에 비해 광고비가 상대적으로 저렴하다. 라디오 광고의 주 청취자가 여성이기 때문에 드라마, 로맨틱 코미디와 같은 여성 타깃 영화와 〈맘마미아〉, 〈록 오브 에이지〉와 같이 음악을 소재로 한 영화에 적합하다.

라디오 광고는 성우 더빙을 하는데 전문적인 성우를 사용하는 대신에 유명 인사를 써서 관객의 관심을 끄는 전략을 구사할 수 있다. 예를 들어 80년대 록음악을 주제로 한 〈록 오브 에이지〉는 가수 윤도현을 성우로 활용했다.

5) 옥외 광고

옥외 광고는 TV나 온라인, 프린트 매체만큼 영향력 있는 매체는 아니지만 주요 매체를 보조하는 중요한 역할을 한다. 게다가 장소적 제한은 있지만 다른 매체 광고에 비해 일찍 시작할 수 있다는 장점이 있다. 옥외 광고는 크게 빌보드 광고와 동영상 광고로 나뉜다. 빌보드 광고는 포스터와 같은 핵심 비주얼을 보여주는 것으로 지하철의 와이드컬러, 스크린도어, 옥외 배너 광고 등이 있다. 동영상 광고는 지하철 운행을 알리는 모니터, 도시의 건물 위에 설치된 대형 전광판, 엘리베이터 내의 모니터, 극장 로비에 설치된 모니터 등 스크린을 통해 예고편이나 TV 스팟을 노출하는 것이다. 이 밖에도 언론의 주목을 받을 정도의 초대형 광고나 특이한 형태의 광고를 하는 이벤트성 광고를 기획하는 경우도 있다. 〈해리 포터〉는 디멘터의 손을 활용한 돌출 빌보드 광고로, 〈아마겟돈〉은 혜성이 대형 빌딩을 뚫고 지나간 것과 같은 입간판을 LA의 한 고속도로에 세

〈해리 포터〉 입체 입간판

워 주목을 받은 바 있다.

옥외 광고를 결정할 때는 다음 사항을 고려해야 한다.

첫째, 타깃 관객이 많이 모이는 곳인가?

영화의 주 관객층은 15~34세이기 때문에 이들이 잘 모이는 곳에 광고를 해야 한다. 대표적인 곳으로는 직장인들이 많이 모이는 오피스 밀집 지역, 대학생이 모이는 대학가 주변, 여성들이 많이 방문하는 대형 쇼핑몰과 관객들이 모이는 극장가이다.

둘째, 사람들이 많이 이용하는 교통수단인가?

대표적인 교통수단은 지하철과 버스이다. 서울의 경우 지하철 하루 이용객이 720만 명에 달한다. 영화 주 관객층이라 할 수 있는 대학생과 20~30대 직장인이 주로 지하철을 이용하기 때문에 지하철은 중요한 옥외 광고 수단이다. 또한 버스도 가장 대중적인 교통수단이기 때문에 중요한 광고 수단이다. 단, 지하철이나 버스 광고를 할 때에는 어느 노선을 운행하는가가 중요하다. 시내 중심가, 특히 강남 지역, 대학가, 쇼핑몰 밀집 지역 등을 통과하는 노선인가를 확인해야 한다.

셋째, 관객의 시선을 끌 만한 매체인가?

스마트폰이 일반화되면서 사람들의 시선이 모두 스마트폰에 몰려 있기 때문에 임팩트가 낮은 옥외 광고는 효과가 없다. 일례로 과거에는 사람들이 전철을 기다리는 동안 지하철 스크린도어 상단에 있는 동영상 모니터에 시선을 많이 줬는데 스마트폰이 보급된 이후 동영상 모니터에 덜 집중하게 되었다. 사람들은 전철을 타든, 버스를 타든, 심지어 걷는 동안에도 스마트폰을 보고 있기 때문에 옥외 광고에 대한 집중력이 현저하게 떨어지고 있다. 따라서 이를 극복할 수 있도록 관객의 시선을 끌 만한 옥외 매체를 선정해야 한다.

넷째, 언론의 주목을 받을 수 있을 정도로 독특한가?
이벤트성 광고를 기획한다면 언론의 주목을 받을 수 있을 만큼 사이즈나 형식에서 탁월해야 한다. 종래 광고와 차별화되는 입체 광고나 빌딩 전체를 포스터 비주얼로 래핑(building wrap)하는 것도 하나의 방법이다.

〈해리 포터〉의 다양한 옥외 광고

디지털 마케팅

영화 마케팅에서 온라인과 스마트폰을 포함한 디지털 매체는 TV와 버금가는 영향력을 가지고 있다. 디지털 매체는 TV를 포함한 기존의 매체가 일방향인 데 반해 쌍방향이라는 장점을 가지고 있고, 주 사용자가 영화의 주 관객층과 일치한다.

디지털 매체의 중요성은 광고비 편성에도 반영되는데 TV 광고를 집행할 수 없는 중급 이하 규모의 영화는 디지털 매체 광고비가 가장 많은 비중을 차지한다. 스마트폰의 대중화로 스마트폰을 이용한 모바일 마케팅이 주목을 받고 있다. 영화 마케팅에서 중요한 역할을 하고 있는 디지털 마케팅은 광고, 홍보, 이벤트와 프로모션으로 나눠진다.

디지털 광고의 특징

온라인과 모바일을 포함한 디지털 광고는 TV, 케이블, 신문, 잡지, 옥외 광고와 같은 전통 매체에 비해 다음과 같은 장단점을 가지고 있다.

1) 디지털 광고의 장점

■ **전통적인 매체와 비교하여 효과 대비 광고비가 저렴하다.**

디지털 광고는 전통적인 4대 매체 광고비에 비해 가격효율성이 우수하다. 전통 매체는 단가가 정해져 있는 반면에 디지털 광고는 노출된 정도에 따라 금액을 지불한다. 예를 들어 TV나 신문 등은 프로그램이나 지면에 따라 광고비가 할당되지만 디지털 광고의 경우 임프레션(노출량)으로 가격 단가가 구성되기 때문에 효과를 고려하면 TV나 신문에 비해 저렴하다.

■ **광고에 대해 즉각적인 반응 확인이 가능하다.**

디지털 광고는 트래킹 시스템을 통해 해당 광고의 노출량 및 클릭률 CTR을 실시간으로 확인할 수 있다. 이를 통해 광고 캠페인에 대한 유저의 반응을 측정할 수 있어 향후 마케팅에 반영할 수 있다. 이는 전통매체에서는 기대할 수 없는 디지털 광고만의 특징이다.

■ **KMA, IMA 등의 솔루션 기법을 통해 보다 정교한 타깃팅이 가능하다.**

온라인은 매체 타깃팅, 성별·나이 타깃팅, 지역 타깃팅, 섹션 타깃팅 등 타깃 관객에 좀 더 세밀하게 접근할 수 있다. 위의 방법 이외에 아래와 같은 기법으로 보다 정교한 타깃팅이 가능하다.

- KMA(키워드 매칭 애드Keyword Matching AD): 이용자의 검색 패턴을 분석하여 특정 키워드를 1회 이상 검색한 사람에게만 광고를 송출하는 광고 기법이다.
- IMA(관심 매칭 애드Interest Matching AD): 유저의 이용 서비스를 바탕으로 관심 영역을 분석하고, 해당 관심 토픽과 매칭된 유저에게 광고를 송출하는 광고 기법. 예를 들어 영화에 관심 있는 유저에게만 영화 광고를 노출하는 방식이다.

이들 솔루션은 유저의 IP 주소와 로그인 베이스에서 개인 정보 및 이용 패턴을 수집, 축적할 수 있는 디지털 미디어에서만 가능한 방법이다. 예를 들어 '여행'이라는 키워드를 검색한 사람에게 여행 상품 광고를 하는 방식이다.

■ **보다 광범위한 정보 전달 및 유저 인터액티브가 가능하다.**

전통적인 매체의 광고가 한정적 정보의 푸시형 전달에 가깝다면 디지털 광고의 가장 큰 특징은 쌍방향성에 있다. 배너 광고 자체에서의 정보 전달뿐이 아니다. 배너 광고 클릭을 통해 랜딩페이지에 접속할 수 있어 보다 다양하고 전문화된 2차 정보의 전달이 가능하다. 여기에 소셜 미디어를 통한 추가 확산이 가능하다.

■ **노출 빈도와 교체 시기에 따라 반응률의 차이가 있다.**

많이 노출된 광고, 같은 크레에이티브의 배너일수록 시간에 따라 반응률이 점차 감소한다. 처음 실행한 광고의 반응률이 높고 개봉에 임박할수록 광고 반응률은 낮아진다. 따라서 꾸준하게 관리하고 시기적절하게 이슈에 맞는 소재 교체 타이밍을 잡아야 한다.

■ 시간과 공간의 제약을 받지 않는다.

언제, 어디서라도 스마트폰만 갖고 있다면 광고 도달이 가능하다. 스마트폰의 보급률 확대로 디지털 광고의 시간과 공간적 제한이 사라지고 있다.

2) 디지털 광고의 단점

디지털 광고는 위와 같은 탁월한 장점을 가지고 있지만 다음과 같은 단점도 가지고 있다.

■ 경쟁사 외에도 수많은 콘텐츠와 경쟁해야 한다.

예를 들어 포털 사이트 메인 화면은 광고 배너 이외에 수많은 콘텐츠와 뉴스로 구성되어 있다. 때문에 광고 반응을 높이고 캠페인에 대한 관심도를 높이기 위해서는 이 수많은 콘텐츠들 중에서 가장 눈에 띄어야 한다. 가령 광고 집행일에 연예인의 사건·사고나 열애설 등의 뉴스가 터지면 광고 반응에 큰 영향을 주게 된다.

■ 제작 가이드 상의 제한점이 있다.

용량, 규격, 텍스트의 글자 수 등 제작 가이드가 엄격하다. 해당 기준에 맞추기 위해 더 좋은 크리에이티브를 포기해야 하는 경우가 많다. 동영상을 포함한 광고의 경우 용량 제한 때문에 TV와 같이 고화질의 광고가 어렵다. 또한 광고 규격 때문에 크리에이티브에 제한을 받는 경우가 많다.

■ 심의가 까다롭다.

온라인은 누구나 접근할 수 있는 매체이면서 10대가 주 사용자 중 하나이기 때문에 광고 심의가 까다롭다. 특히 네이버와 다음 같은 대형 포털은 영상물등급위원회의 심의뿐만 아니라 사용자를 고려한 자체 심의까지 하기 때문에 폭력과 성에 대한 심의가 매우 까다롭다.

■ 트렌드가 급격하게 변한다.

PC웹과 디지털 기기를 통한 광고는 트렌드에 상당히 민감하다. 따라서 온라인 트렌드를 놓치지 않기 위한 노력과 지속적인 뉴미디어 개발 및 탐구가 필요하다.

디지털 광고

1) 광고 시기 및 예산

영화 마케팅에서 디지털 광고는 다른 매체 광고보다 일찍 시작한다. 블록버스터 무비는 개봉 3~4개월 전 티저 광고를 시작하고 본 광고는 4주 전에 시작한다. A급 영화는 3~4주 전에 광고를 시작하고 예산이 적은 중급 이하의 영화도 3주 전에 광고를 시작한다. 광고비를 보면 일반적으로 블록버스터 무비는 3억 원 이상, A급 무비는 1억 5천만 원 이상, 중급 이하의 영화는 1억 5천만 원 이하의 광고비를 투자한다. 독립 영화의 경우 5천만 원 이하의 소규모 광고비를 집행한다.

등급 \ 광고 시기	티저 광고	메인 광고	광고비
블록버스터 무비	개봉 3-4개월 전	개봉 4주 전	3억 원 이상
A급 무비		개봉 3-4주 전	1억 5천만 원 이상
B급 무비		개봉 3주 전	1억 5천 이하
독립 영화		개봉 2주 전	5천만 원 이하

디지털 광고 시기 및 광고비

2) 미디어 바잉Media Buying

국내 배급사의 온라인 광고 분석 결과 주요 포털(네이버, 다음), 영화 예매 사이트(극장 사이트 포함) 그리고 유튜브를 포함한 기타 동영상 사이트를 이용하였다.

그 중 네이버가 55.5%, 다음이 28.4%를 차지해 주요 포털 사이트에 가장 많은 광고비를 투자하였다. 영화 사이트 중에서는 CGV가 8.9%로 가장 높은 수치를 기록했다.

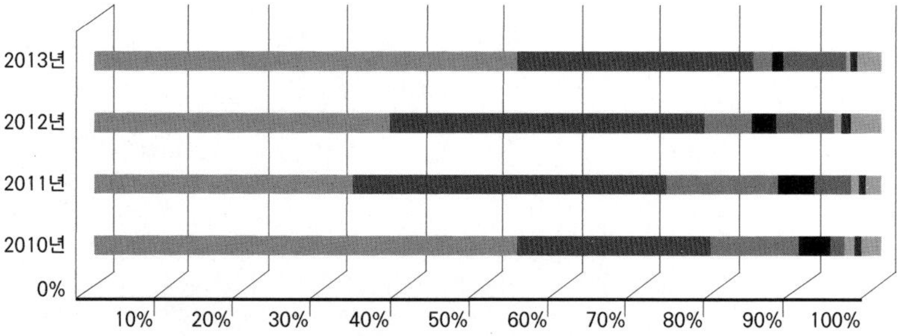

연도별 주요 매체별 광고비 집행 내역

네이버 다음 SK컴즈 맥스무비 CGV 곰TV 롯데시네마 기타

3) 디지털 광고 크리에이티브

디지털 광고 크리에이티브는 디스플레이 광고(Display Ads), 동영상 광고, 특수 광고 등으로 나뉜다.

■ 디스플레이 광고

온라인 광고에서 가장 표준적인 광고 방식이다. 초기 화면에 노출하는 방식으로 온라인 유저의 클릭을 유도해 홈페이지나 이벤트 페이지로의 유입을 유도한다. 디스플레이 광고는 공간과 동영상 용량에 제한이 있기 때문에 제한된 공간 내에서 유저의 눈길을 끌기 위해 다양한 방법을 구사한다.

■ 특수 광고

특수 광고는 온라인 유저의 시선을 끌기 위한 변형 광고의 일종이다. 규격화된 디스플레이 광고에 비해 다양한 방식이 가능하기 때문에 광고 효과가 매우 높다.

〈엣지 오브 투모로우〉의 타임보드

〈인터스텔라〉의 네이버 퍼스트뷰

■ 동영상 광고

동영상 광고는 사이트 내에서 영화 예고편이나 TV 스팟, 특별 동영상을 노출하는 광고로 영화 광고에서 가장 효과 있는 동영상을 노출할 수 있다는 장점을 가지고 있다. 일반 포털 및 곰TV, 유튜브와 같은 동영상 전문 사이트에 게재한다.

〈앤트맨〉의 CGV 서브 동영상 확장

디지털 홍보 마케팅

온라인과 모바일, SNS를 이용한 디지털 매체의 홍보 마케팅은 예고편과 같은 콘텐츠 공개, 파워블로거를 이용한 홍보, 온라인 채팅, 유명 웹툰 작가와 콜라보레이션을 통한 브랜드 웹툰 홍보, 스타 배우 내한 시 중계 등 다양하다.

1) 매체 콘텐츠 공개

영화 마케팅에서 가장 효과가 높은 예고편을 온라인 독점 공개하여 유저의 접속률을 높인다. 주요 포털인 네이버나 다음에서 독점 공개 예고편을 초기 화면에 노출함으로써 유저의 접속을 적극적으로 유도한다. 예고편 독점 공개는 관객의 기대감을 높이는 효과를 가지고 있으며 관객의 접속 숫자를 기준으로 관객의 기대치를 측정할 수 있다. 봉준호 감독의 〈설국열차〉는 첫 예고편 공개 시 50만 명 이상의 접속자 수를 보였고, 포스터의 경우 영화 포스터 사상 최고인 300만 건의 조회수를 기록하여

〈사도〉의 예고편 최초 공개

관객의 높은 관심을 사전에 측정할 수 있었다.

2) 공식 페이스북과 인기 페이스북을 활용한 홍보

배급사·영화사의 공식 페이스북 팬페이지나 홍보 및 유명 인기 페이스북 등의 SNS를 이용하면 2차 확산에 유용하다. 이를 위해 배급사·영화사는 꾸준한 페이스북 팬 관리가 필요하다. 인기 페이스북 노출 형태는 매체 최초 공개와 유사한 프로세스로 진행한다.

롯데 엔터테인먼트 페이스북

파워블로거 사자왕의 블로그

3) 파워블로거 컨택을 통한 포스팅 홍보

특정 파워블로거와 제휴하여 해당 채널에 영화 정보를 포스팅하는 홍보 방법이다. 포스팅 내용은 영화 감상 리뷰뿐만 아니라 제작보고회 발표, 쇼케이스 현장 취재 등 다양하게 구성할 수 있다. 통상적으로 블로거 이웃이 많은 파워블로거를 대상으로 진행되거나, 네이버 메인으로 자주 등장하는 블로거들과 진행한다. 파워블로거를 통한 홍보는 금전적인 거래가 아닌 시사회 혹은 예매권 개런티, 영화 판촉물 제공으로 진행된다. 파위블로거 포스팅의 내용이 긍정적일지 또는 부정적일지 모르기 때문에 진행 여부에 대한 담당자의 신중한 판단이 필요하다.

4) 유명 웹툰 작가와의 콜라보레이션을 통한 브랜드 웹툰 홍보

영화의 내용을 바탕으로 유명 웹툰 작가에게 브랜드 웹툰을 제작 의뢰하여 영화의 콘셉트와 기대감을 콘텐츠로 쉽게 전달하기 위해 진행한다. 유저는 웹툰을 광고가 아닌 콘텐츠로 인식하는 경향이 크기 때문에 보다 긴밀하고 친근한 마케팅 접근이 가능하다. 브랜드 웹툰을 이용한 홍보는 웹툰의 소비자가 주로 10~20대 초반의 남성이므로 공포물이 주를 이룬다. 때로는 인지도가 낮은 영화, 영화의 스토리가 복잡한 영화의 경우에도 영화 내용을 쉽게 풀어내고 호기심을 자극하기 위해 브랜드 웹툰을 이용한다. 브랜드 웹툰이 흥행에 도움이 된 사례로는 〈연가시〉와 〈컨저링〉이 대표적이다.

〈컨저링〉과 웹툰 작가 조석의 콜라보레이션

5) 주연배우 및 감독 쇼케이스 혹은 배우 내한 행사 시 생중계 진행

외화는 배우 내한 행사 위주 생중계 진행, 국내 영화는 쇼케이스 위주 생중계 진행을 이용하여 홍보를 한다. 홍보 효과는 1단계 생중계 진행 예고 및 홍보를 위한 매체의 노출 지면 할당, 2단계 생중계 방송을 통한 콘텐츠 전달, 3단계 해당 영상의 SNS를 통한 2차 확산 순으로 이어진다.

〈관상〉의 라이브 쇼케이스

6) 메신저를 활용한 주연배우 및 감독 채팅

■ 온라인 채팅

온라인 사용자와 영화감독, 주연배우와의 온라인 채팅을 영화 홍보에 이용하는 방법이다. 온라인 사용자들은 개봉 예정 영화에 대한 궁금증을 감독이나 배우들에게 직접 물어볼 수 있는 기회를 갖게 되고 배급사는 온라인 채팅을 실시간 생중계하여 더 많은 관객의 관심을 유도할 수 있다. 온라인 채팅으로 성공한 사례로는 영화 〈다크 나이트 라이즈〉가 있다. 개봉 당시 감독 크리스토퍼 놀란과 국내 파워블로거의 채팅 내용이 주요 포털에 노출된 것은 물론이고 주요 신문에 기사화되면서 상당한 홍

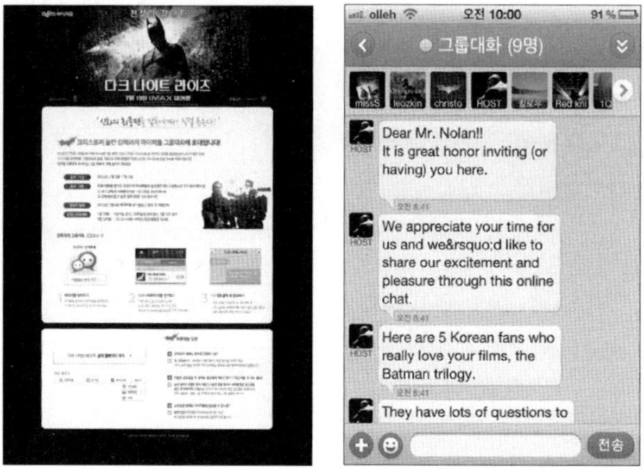

〈다크 나이트 라이즈〉 크리스토퍼 놀란 감독의 다음 마이피플 채팅 사례

보 효과를 거두었다.

7) 유명인사·평론가 GV를 통한 시사회 진행 및 입소문 확산

영화의 콘셉트와 어울리는 유명인사·평론가 등을 초청하여 상영회를 갖고 관객과의 대화를 진행한다. 해당 이벤트를 위한 매체의 1차 노출이 진행되고, 2차 시사 진행, 3차 GV 내용 콘텐츠 공개의 순으로 이루어진다.

〈집으로 가는 길〉 방은진 감독 GV,
〈돈 존〉 방송인 허지웅 GV 사례

홍보

알릴 건 알리고 피할 건 피해라!

영화 마케팅 활동을 크게 세분하면 광고, 홍보(Publicity) 그리고 프로모션으로 나눌 수 있다. 그중 홍보의 중요성이 점점 커지고 있다. 실제로 관객의 관람 동기를 조사해보면 홍보에 의한 영향이 점차 커짐을 피부로 느낄 수 있다.

홍보의 영향력을 보여주는 가장 대표적인 예로는 1995년 당시 할리우드 역사상 최고의 제작비 1억 7천 5만 불을 쏟아부어서 만든 〈워터월드〉이다. 이 영화는 제작 당시 지나친 보안 유지로 미국 언론과 대단히 마찰이 심했다. 〈워터월드〉의 촬영지인 하와이로 취재하러 간 기자들을 문전박대하고 영화에 대한 어떤 정보도 언론에 노출하지 않았다. 이러한 언론과의 마찰은 불필요한 억측과 루머를 낳았고 주연인 케빈 코스트너와 제작진, 그리고 여배우와의 갈등은 적대적인 관계가 되어버린 언론의 좋은 먹잇감이 되었다. 영화가 완성된 후 기술 시사회에서 할리우드 언론들은 마치 기다렸다는 듯이 공격을 하기 시작했다. 이에 당황한 배급사인 유니버설사는 '영화가 100% 완성이 안 된 상태인 기술 시사회에서 영화를 공격하는 것은 파렴치한 짓이다'라고 언론을 비난했다. 토크쇼 사회자로 유명한 데이비드 레터맨은 그의 토크쇼에서 "〈워터월드〉의 속편은 '빚에 찌들게' 될 것"이라고 비꼬았다(〈워터월드〉가 물을 뜻하기 때문에 '물에 젖다'라는 뜻의 단어 'wet'을 사용하여 풍자했다). 제작비에 비해 초라한 오프닝이었던 〈워터월드〉는 결국 북미 시장에서 1억 불에도 미치지 못했다. 〈인디펜던스 데이〉, 〈2012〉 등 재난 영화로 유명한 롤랜드 에머리히 감독의 영화 〈고질라〉 역시 홍보의 피해를 본 대표적인 사례이다. 일본의 괴수 캐릭터인 고질라를 소재로 한 이 영화는 제작 당시부터 화제를 불러일으켰다. 특히 '크기가 중요하다(Size does matter)!'라는 카피는 괴수 고질라의 거대한 사이즈에 대해 호기심이 생기게 만들었다. 그러나 기자 시사회 후 혹평이 쏟아졌다. 이 카피에 빗대어 '중요한 것은 사이즈가 아니라 플롯이다(What matters is not size but plot).'라는 평으로 스토리의 빈약함을 비판했다. 또한 '개봉 후 3주만 지나면 사람들은 주머니를 열 만한 가치가 없는 영화란 점을 깨닫게 될 것'이라고 했다. 결국 콜럼비아사는 〈고질라〉 공식 홈페이지를 닫아버렸다. 제작자 딘 베블린과 온라인 비평가들이 공식 사이트에서 난투극을 벌였기 때문이다. 반대로 홍보로 흥행에 성공한 사례도 있다. 대표적인 사례가 〈블레어 윗치〉이다. 제작비 6만 불의 초저예산 영화인 이 공포 영화는 다큐멘터리 형식의 영화인데 당시 불기 시작한 인터넷 열풍을 활용하여 엄청난 입소문을 만들어냈다. 공식 홈페이지를 활용한 홍보는 대성공을 거두어 미국에서 1억 4천만 불이라는 경이적인 흥행을 기록했다.

광고는 광고주인 영화사가 하는 것이기 때문에 관객은 스스로 판단하여 선별적으로 정보를 취한다. 그러나 홍보는 신문사나 방송국과 같은 공신력이 있는 언론기관을 통해 이루어지기 때문에 대부분의 관객은 그 내용에 대해 신뢰하거나 저항 없이 받아들인다. 따라서 홍보를 얼마나 잘 하느냐에 따라 영화의 흥행이 좌우된다. TV나 신문 등에 자사의 영화가 많이 노출되는 것만이 능사가 아니다. 홍보에도 반드시 전략이 필요하며 이를 위해 알아두어야 할 사항들이 있다.

보도 자료Press Kit

홍보를 위해 가장 기본적으로 필요하면서도 중요한 것은 보도 자료다. 보도 자료는 영화사가 언론사에서 기사를 작성할 수 있도록 영화의 주요 내용을 정리하여 제공하는 기초 자료이다. 언론은 이 보도 자료를 기초로 기사를 작성하기 때문에 보도 자료가 부실하면 기사도 당연히 부실해진다. 미국의 할리우드는 보도 자료 작성에 대단히 공을 들이며 보도 자료가 완성되면 반드시 제작자, 감독, 주연배우의 최종 확인을 거친다. 이는 보도 자료가 영화의 전체 마케팅 방향과 홍보 방향에 대한 가이드라인의 역할을 하기 때문이다. 보도 자료를 만드는 데에 중요한 것은 '이 영화를 어떻게 관객에게 소개할 것이냐'다. 즉 영화에 대한 포지셔닝이다. 홍보를 통해 관객에게 영화를 정확히 알리기 위해서는 명확하게 영화의 내용을 포지셔닝 해주어야 한다. 홍보는 광고에 비해 영화사의 통제력이 없기 때문에 처음 보도 자료 제작 시 제대로 작성하지 않으면 치명적인 결과를 초래할 수 있다. 공식 보도 자료는 최소 10페이지 이상이며 필요에 따라서는 영화가 가지고 있는 장점을 부각하기 위해서 낱장 보도 자료(one-sheet press kit)를 만들기도 한다.

1) 보도 자료의 내용

보도 자료는 영화에 관한 모든 자료를 포함하고 있다. 보도 자료의 주요 내용을 보면 다음과 같다.

2) 보도 자료의 기본 요소

보도 자료는 대중에게 보도할 가치가 있는 내용을 언론사의 편집 기준에 맞는 형태로 작성한다. 그렇기 때문에 중요한 사실들을 체계적으로 정리해야 하며 내용이 사실에 충실하고 논리적이어야 한다. 보도 자료의 기본 요소를 보면 다음과 같다.

뉴스성: 뉴스로써의 가치가 있는 새로운 소식인가
화제성: 주목을 받을 만한 특별한 것인가
중요성: 기사로 다룰 만큼 중요한 정보인가
목적성: 자료 배포의 목적은 무엇인가

구분	내용
리드(About the movie)	영화의 줄거리, 배우, 감독, 제작에 관한 전체적인 정보를 담고 있다.
줄거리(Synopsis)	영화에 대한 줄거리를 담고 있다.
프로덕션노트 (Production note)	특수 효과, 제작 과정, 촬영 에피소드 등 제작에 관한 정보를 소개한다.
배우(Cast)	이전 작품 등 배우에 관한 정보를 담는다.
감독(Director)	감독에 대한 이력과 연출 의도를 소개한다.
제작자(Staff)	제작자 및 제작에 참여한 모든 스태프에 관한 이력을 소개한다.
기타 정보	기자가 필요 시 연락할 수 있는 담당부서, 직원의 이름, 전화번호 등을 포함한다.

보도 자료의 주요 구성 요소

3) 작성 시 유의 사항

■**사실 파악** 대답을 필요로 하는 질문 목록을 만든다. 어떤 사실들이 기술될 것인가, 언제 이루어졌는가 또는 이루어질 것인가, 배포 자료의 목적은 무엇인가, 독자에게 무슨 의미가 있는가, 전체에는 무슨 의미를 주는가, 등을 고려한다.

■**작성** 가장 중요한 정보를 처음에 두고 추가 내용은 중요도에 따라 기술한다(역피라미드 형식). 기자들은 수많은 영화 보도 자료를 접하기 때문에 보도 자료를 차분히 읽어볼 시간이 없다. 따라서 중요한 정보를 초기에 놓아서 기자의 시선을 잡아야 한다.

■**검토** 명료한가, 객관적인가, 너무 길지 않나, 알리고자 하는 사실이 포

함되었는가, 사실인가 등을 검토한다.

■ **편집**

간결성: 통상 A4용지 2페이지를 초과하지 말아야 한다.

사실성: 구체적일수록 신뢰성을 더한다. 통계자료를 사용하는 경우 신뢰성을 높일 수 있다.

객관성: 작성자의 주관을 배제하고 객관적으로 중요하다고 생각하는 타당한 이유를 설명한다.

■ **승인** 정보와 관계된 모든 관계사의 승인이 끝나기 전에 배포해서는 안 된다. 미확인된 정보를 노출하는 경우 문제가 발생할 수 있으므로 배포 전에 영화사의 승인을 얻어야 한다.

4) 보도 자료 작성 핵심 정리

■ **완벽한 형태로 작성한다.**

실제 기사처럼 조금만 손질해 그대로 지면에 실릴 수 있도록 작성하여 기자의 수고를 덜어줘야 한다. 부실한 형태의 보도 자료는 내용이 아무리 좋다 하더라도 기자들에게 외면받을 수 있다.

■ **기사 문장의 형식을 취한다.**

보도 자료는 광고 카피와 다르다. 내용은 창의적이되 문장 형식은 규격화된 기사 문장을 따른다. 기본적으로 육하원칙에 부합해야 하지만 기사의 종류와 성격에 따라 기사체보다 풍부한 배경 자료, 충분한 설명이 오히려 호감을 이끌어 낼 수 있다.

■ 꼭 쓸 말만 골라서한다.

긴 문장은 핵심을 그르친다. 사실을 중심으로 꼭 전달해야 할 것만을 골라 쓰는 것이 좋다. 부가 설명과 흥밋거리, 분석, 주장 등도 객관적인 사실에 따른다. 현란한 형용사나 수식어들은 명확한 포인트나 관점을 흐리게 해 자칫 왜곡될 수 있다. 불필요한 수식을 자제하고 핵심만 부각한다. 문장은 되도록 짧게 하며 한 문장에 중요한 사실 한 가지로 짧게 기술한다.

■ 단순·명쾌·정확하게 서술한다.

지나치게 광범위하고 포괄적으로 쓰거나 한꺼번에 너무 많은 말을 하면 논점이 흐려지고 산만해진다. 되도록 하나의 보도 자료에 한 가지 주제만 다룬다. 멋이나 기교를 부리지 말고 사실만을 간단명료하게 표현한다. 과장된 용어 사용은 피하고 표제는 가급적 붙이는 것이 좋다.

■ 전문용어는 가급적 자제한다.

전문용어, 약어는 풀어 주고 가급적 사용하지 않는 것이 좋다. 지나치게 복잡하고 상세한 자료 제공과 전문적인 기술 용어는 오히려 관심을 저하시킨다.

■ 보도 가능한 것만 쓴다.

반드시 완결되었거나 예측 가능한 내용을 갖고 작성한다. 확인되지 않은 사실은 오보를 유발하므로 추정이나 추측, 잘 모르는 사항은 금물이다.

해당 아이템에 대한 명확한 이해와 관점, 의견을 분명하게 설정한다.

■ 배포 전 충분한 검토를 한다.

오탈자의 확인과 띄어쓰기는 기본, 숫자·도표 등의 착오 역시 없도록 해야 한다. 기본적인 사항조차 지켜지지 않으면 자료에 대한 신뢰성을 획득할 수 없다.

보도 자료 작성에서 기피해야 하는 자료는 정리되지 않은 방대한 자료, 끝까지 읽어봐야 결론을 알 수 있는 자료, 자랑 위주의 자료, 특징만을 나열하는 자료, 이슈가 없는 자료 등이다. 언론의 경우 하루에도 수십 건의 보도 자료를 각 영화사로부터 받기 때문에 눈에 확 띄는 이슈나 뉴스 가치가 있는 자료, 한눈에 파악할 수 있도록 일목요연한 보도 자료만이 살아남는다

잘된 보도 자료의 예

Headline(제목)

절대 상상할 수 없는 놀라운 영화!
〈그래비티〉

대제목 & 소제목

대한민국 극장가 돌풍!
7일만에 100만 명 관객돌파!

Lead(전문)

압도적인 기록으로 국내 박스오피스 정상과 북미 3주 연속 박스오피스 1위를 차지한 〈그래비티〉가 100만 명 관객을 돌파했다. 10월 17일 개봉 이후 23일 오전까지 7일만의 기록이다. 금주에도 역시 50% 이상의 예매율로 금주에도 역시 〈그래비티〉의 흥행 돌풍이 이어질 것으로 예상된다.

Body(본문)

두 번, 세 번, 재관람으로 이어지는 체험!

국내외 박스오피스 점령! 언론과 평단 이어 관객 호평으로 흥행 열기!

영화관 입장권 통합전산망의 집계에 따르면 〈그래비티〉가 10월 23일(수) 오전 9시 기준 누적관객 1,017,425명을 기록했다. 10월 17일 개봉 후 7일만의 기록으로 평일 하루에도 평균 9만 여명의 관객을 동원하고 있어 주말 박스오피스 성적 역시 기대를 모은다. 특히 2주차로 접어드는 금주에도 역시 50%가

넘는 점유율로 실시간 예매율 1위를 차지하며 2주 연속 흥행 돌풍을 예고하고 있다.

대한민국 극장가에 돌풍을 일으켰다고 해도 과언이 아닐 정도로 연일 〈그래비티〉에 대한 이야기로 화제다. 〈그래비티〉를 관람한 관객들은 포털 사이트와 SNS를 통해 "이보다 놀라운 영화는 없었다, "생애 최고의 영화", "관람을 넘어선 경이로운 우주 체험", "영화사에 길이 기록될 명작" 등 감탄의 글을 남기고 있다. 언론과 평단의 극찬에 이어 관객들의 찬사가 이어지고 있어 〈그래비티〉의 흥행 전망에 대한 힘을 더한다.

미국에서는 개봉주에 역대 10월 개봉작, 역대 가을 개봉작 중 오프닝 최고 기록으로 박스오피스 1위를 차지한 데 이어 3주 연속 박스오피스 1위를 차지하며 2013년 개봉한 오리지널 SF영화들 중 1위를 기록했다. 이와 같이 전 세계적으로 관객들의 반응이 대단한 덕분에 국내에서의 흥행 기록 역시 기대를 모으고 있다.

또한 〈그래비티〉의 상영 방식별로 재관람하고자 하는 관객들이 늘어나고 있다. "관람이 아닌 체험이 된다"는 이동진 영화평론가의 말처럼 다양한 방식으로 〈그래비티〉를 '체험'하고자 하는 2D와 3D, 3D IMAX, 4DX까지 〈그래비티〉의 다양한 상영 방식을 체험해보고자 하는 관객들의 행렬이 이어지고 있다. 〈그래비티〉는 〈아바타〉를 뛰어넘는 영상 충격이라고 불릴 정도로 영상에 대한 만족도가 대단한데 이를 증명하듯 IMAX와 3D에 대한 관객의 소구가 대단하다. 이미 개봉 전부터 폭발적인 인기로 매진 행렬을 이어간 3D IMAX의 경우는 이미 10월 27일 예매 오픈된 상영관의 주요 좌석의 예매는 완료되었다. 개봉 후 4DX의 인기 역시 높아지고 있어 3D와 4D, IMAX 3D가 전체 매출액의 53%, 관객수 38.6%에 육박한다. 미국에서는 3D 상영방식의 관람비율이 80%를 넘어섰다.

비단 영상에 대한 만족감뿐만 아니라 드라마적인 깊이 역시 재관람의 원동력이 되고 있다. 절제된 각본과 뚝심 있는 연출, 혁명으로 불릴만한 영상, 시청각 효과를 이용한 몰입감 등과 더불어 무중력 상태의 망망대해에 놓인 한 인간의 재난 상황을 통해 삶과 생존의 드라마에 대한 만족감이 대단하기 때문이다. 관객들은 "삶에 대한 의지와 희망을 생각하게 만든다", "중력의 소중함을 다시금 깨닫게 하는 영화", "SF영화를 보면서 울음이 터져 나오는 진귀한 경험", "두 번째 보니 더 감정이 울컥울컥한다"고 평하고 있다.

<u>기타(배경정보)</u>

〈그래비티〉는 영화사 최초로 누구도 경험하지 못한 극한의 우주 조난 상황을 그린 SF 재난 드라마. 현존하는 그래픽 프로그램으로는 커버할 수 없었기에 무려 5년의 시간이 걸려 완성한 우주공간에서의 무중력 상태를 재현했을 뿐만 아니라 사상초유 20분의 롱테이크 오프닝 시퀀스를 선보인다. 영화의 미래를 이룬 영상 혁명이라는 평가와 함께 시대를 앞서가는, 영화사에 큰 획을 긋는 경이로운 영화의 탄생이라는 극찬을 이끌어냈다. '카메라를 우주로 들고 가서 찍은 것처럼' 보이는 무중력 상태의 재현을 목표로 SF영화의 판타지 세계를 담은 것이 아니라, 인류가 알고 있는 가장 험난한 환경에 고립된 상태를 아주 현실적으로 묘사했다.

시대를 뛰어넘는 영상과 더불어 스토리, 연출, 연기까지 모든 것이 완벽한 마스터피스를 선보여 2014년 아카데미 작품상과 감독상, 여우주연상, 남우조연상, 촬영상 등 다양한 부문 후보에 오를 것으로 예측되고 있다. 영화를 관람한 언론과 관객들은 〈그래비티〉가 아카데미 작품상을 수상하는 최초의 SF

영화가 되지 않을까 하는 기대를 모으고 있다. 전 세계적으로 영화 팬들의 열광적인 반응을 이끌어냈던 〈다크 나이트 라이즈〉보다 높은 수익과 〈아바타〉, 〈라이프 오브 파이〉보다 높은 엄청난 영상 혁명으로 평가를 받는 등 〈그래비티〉의 이후 행보에 대해 귀추가 주목되고 있다.

〈위대한 유산〉, 〈해리포터와 아즈카반의 죄수〉, 〈칠드런 오브 맨〉 등을 연출한 알폰소 쿠아론 감독의 연출력과 산드라 블록, 조지 클루니의 열연 역시 최고 화제. 이 영화의 제작과정 3D 기술자문을 지원했던 제임스 카메론 감독은 영화에 대해 "시대를 뛰어넘는 미친 짓"이라며 감탄을 금치 못했다. 완성된 영화를 관람한 후에는 "우주를 배경으로 한 역대 최고의 영화"라고 극찬했고, 길예르모 델 토로 감독 역시 〈그래비티〉를 무려 네 번이나 본 후 "마음을 사로잡는 영화"라며 찬사를 쏟아냈다. '할리우드 리포트'는 "우주 배경 영화 중 가장 현실적이고 아름다운 영화"라고 단언하며 "숨쉬기조차 힘든 긴장과 놀라움으로 채워진 긴장감 넘치는 생존의 드라마"라고 평했다. '버라이어티'는 "알폰소 쿠아론 감독은 무시무시한 우주 대서사시로 경이로움과 놀라움의 정의를 다시 내렸다"고 전했고 '슬래쉬 필름'도 "알폰소 쿠아론이 진정으로 경이적인 것을 우리에게 보여주고 있다"고 보도했다. 또한 외신들은 연일 산드라 블록과 조지 클루니는 필모에 길이 남을 명연기라고 평하고 있다.

엄청난 디테일과 결코 누구도 경험하지 못했기에 예상조차 할 수 없는 치밀한 시나리오는 영화관에 앉아 우주 재난을 경험하게 하는 기적 같은 몰입감을 선사한다. 2D와 3D, 3D IMAX, 4DX 상영 방식으로 절찬 상영 중이다.

영상 보도 자료Electronic press kit

오늘날과 같이 TV나 케이블의 보급이 대중화된 시대에 최상의 홍보 방법은 배우나 감독, 그리고 영화 장면 등을 직접 보여주는 것이다. 흔히 EPK라 불리는 영상 보도 자료는 영상 매체를 위한 보도 자료이다. 미국의 할리우드 메이저사는 특별히 TV 홍보를 위해 EPK를 만드는데 그 내용을 보면 영화 예고편, 주요 장면(key clips), 배우와 감독의 인터뷰(open-ended interview) 그리고 제작 현장(background roll)을 담고 있다. EPK를 제작하는 이유는 미국과 전 세계의 방송국에 배우나 감독이 직접 출연할 수 없기 때문에 효과적으로 홍보하기 위해서이다. 특히 다매체, 다채널의 시대에는 EPK의 중요성이 점점 더 커지고 있다.

스틸Still

영화 홍보에 중요한 사진인 스틸은 영화 장면을 담은 스틸, 촬영 현장을 담은 스틸, 인쇄 매체의 표지를 위해 스튜디오에서 촬영된 사진(special shoot)이 있다. 할리우드 직배사는 스틸 제작에 대단한 공을 들인다. 이는 사진 한 장으로 인해 영화에 대한 관심이 올라가는 경우도 있고 기대하고 있던 영화에 대해 오히려 관심이 사그라지는 경우가 있기 때문이다. 제작 초부터 스틸을 효과적으로 소개하면 영화에 대한 관심을 지속적으로 유지할 수 있다. 일례로 〈해리 포터〉의 경우 스틸 사진을 지속적으로 언론과 팬 사이트에 효과적으로 노출함으로써 영화에 대한 관심과 호기심을 유지할 수 있었다. 스틸 선정은 매우 신중하게 이루어지는데 기존에 배포된 사진이 마케팅 방향과 일치하지 않는 경우 '삭제(kill)'하고 언론에 노출된 경우에는 추가 사용을 엄격히 금하고 있다.

주요 홍보활동

1) 언론·비평가 시사회Media&Critics screening

영화의 홍보를 목적으로 기자와 평론가를 대상으로 한 언론 시사회는 일반적으로 개봉 1~2주 전에 실시한다. 그러나 영화가 좋을 경우 사전에 언론의 호평을 이용하기 위해 더 일찍 하기도 한다. 이와 반대로 영화가 나쁜 경우에는 언론 시사회를 최대한 늦추어 개봉 2~3일, 심지어 개봉 당일에 하는 경우도 있다. 조니 뎁, 안젤리나 졸리 주연의 〈투어리스트〉는 개봉일 오전에 기자 시사회를 함으로써 언론으로부터 비난을 받았다. 미국에서는 언론과 평론가의 영향력이 크기 때문에 영화가 나쁘면 시사회를 아예 하지 않는 경우도 있다. 이를 '콜드 오프닝 cold opening'이라고 한다. 평론가 시사를 하지 않은 영화로는 20세기 폭스사의 〈에이리언 VS. 프레데터〉와 워너 브라더스의 〈엑소시스트 4: 비기닝〉 등이 있다. 이 밖에 할리우드 블록버스터 무비의 경우 엠바고 embargo를 거는 경우가 있다. 엠바고는 일정 시점까지 보도를 자제하는 것으로 언론 시사가 있다 하더라도 기사 릴리스를 제한한다. 엠바고는 언론의 부정적인 리뷰를 제한하기 위한 것이라기보다 특정한 날 리뷰가 전 세계 동시에 노출되는 것을 노리는 이벤트 효과나 특정한 행사

이전에 기사가 노출되는 것을 막기 위한 것이다. 영화 〈위대한 개츠비〉는 칸 영화제 개막작으로 선정되었기 때문에 칸 영화제 개막까지는 기사의 노출을 막았다.

기자 시사회는 단순히 홍보가 목적이기 때문에 특별한 마케팅 전략이 필요하지 않다. 다만 영화가 작품성이나 완성도가 뛰어난 경우 평론가와 파워블로거를 집중적으로 시사한다.

2) 제작보고회

촬영 후 후반 작업의 마무리 단계에 진행하는 제작보고회는 일반적으로 개봉 30~40일 전에 실시한다. 제작보고회 내용은 포스터, 예고편, 제작 과정을 소개하는 메이킹 필름 등을 공개하고, 제작자, 감독, 주연배우가 출연하여 영화제작에 관한 이야기를 공개한다. 대부분 사회자를 통한 토크쇼 방식으로 진행하며 기자들의 질문도 받는데 간혹 이벤트 형식으로 이루어지기도 한다. 대표적으로 강제규 감독의 〈마이웨이〉 제작보고회는 부산국제영화제 기간 중에 열렸다. 당시 주연배우인 장동건, 판빙빙, 오다기리 조가 참여해 부산국제영화제와 맞물려 언론과 관객의 주목을 받았다.

3) 무대 인사

무대 인사는 주연배우(때로는 조연배우도 포함)와 관객의 만남을 주선하는 자리다. 무대 인사는 개봉 전과 개봉 후로 나뉜다. 개봉 전 무대 인사는 관객의 시사 반응을 극대화하기 위해 마련되며 개봉 후 무대 인사는 주로 개봉 첫 주말 스코어를 높이기 위해 이루어진다. 스타의 무대 인사

〈은밀하게 위대하게〉 부산 무대 인사

는 관객 동원에 영향을 미친다. 〈은밀하게 위대하게〉의 주연배우 김수현의 부산 무대 인사 때에는 10대 관객이 몰려 당시 경쟁작이었던 〈맨 오브 스틸〉의 관객 수를 압도했다.

4) TV 예능 프로그램 출연, 영화·연예 프로그램 인터뷰, 매체 인터뷰

영화의 개봉이 임박하면 주연배우들은 TV의 영화, 연예, 예능 프로그램에 출연해 관객의 관심을 끌기 위해 노력한다. 주연배우의 예능 프로그램 출연이 영화의 흥행에 도움을 주느냐에 대해서는 의견이 분분하다. 최민식, 송강호와 같은 연기파 배우들은 예능 프로그램 출연을 꺼려하지만 흥행에 성공한다. 반면에 주연배우가 예능 프로그램에 출연해 애를 써도 흥행에 실패하는 경우도 있다. 배우가 예능 프로그램와 잘 맞느냐가 중요하다. 배우 차태현은 예능프로그램에 잘 맞아 영화의 홍보를 위해 출연하는 경우 흥행에 도움이 된다. 그러나 예능 프로그램과 맞지 않는 배우가 무리하게 출연할 경우 역효과가 나기도 한다. 왜냐하면 관객의 눈에 영화 홍보를 위한 무리수로 비춰질 수 있기 때문이다.

시사회

최후의 극약 처방, 관객의 입소문을 노려라.

영화 비즈니스는 영화를 극장에서 상영하여 수입을 얻는 것이기 때문에 일반 관객을 대상으로 한 무료 시사는 수입을 감소시키는 행위이기도 하다. 그러면 왜 이와 같은 극약 처방을 하는가? 영화의 모든 마케팅 활동 중에서 가장 효과적인 것은 관객의 입소문이다. 영화는 문화 상품으로 경험재의 성격이 강하기 때문에 관객의 경험이 가장 중요하게 작용한다. 영화 관람 이유에 대한 조사를 하면 입소문이 중요한 관람 요소로 나타난다. 그만큼 관객의 입소문은 위력적이기 때문에 관객의 입소문을 사전에 이용하려는 것이 일반 관객을 대상으로 한 시사회다.

그러나 관객의 입소문이 위력적이라 하여 모든 영화가 다 시사회(Screening)에 적합한 것은 아니다. 시사회는 극약 처방이기 때문에 잘 못하면 오히려 치명적일 수 있으므로 신중하게 결정해야 한다. 일반적으로 시사회를 결정할 때 다음 사항을 고려해야 한다.

첫째, 영화를 관객에게 보여주었을 때 다른 사람에게 영화를 권할 만큼 좋은가?

만약 시사회 관객들이 영화를 본 다음 혹평을 하거나 그저 그렇다는 반응을 보인다면 오히려 영화에 부정적인 효과를 초래한다. 반드시 시사회를 했을 때 관객으로부터 강한 입소문을 기대할 수 있어야 한다. 관객 시사회를 계획하기 전에 테스트 시사회를 하여 일반 관객의 반응을 사전에 조사해야 한다.

둘째, 시사회가 마케팅의 핵심 전략인가?

영화는 아주 좋은데 영화의 셀링 포인트가 없는 경우가 있다. 관객의 관심을 끌 유명 배우도 없고 외화 중에서 해외에서 흥행에 성공했다는 소문도 관객에게 알려지지 않은 경우 등이다. 또한 광고가 효과적인 마케팅 전략이 아닌 경우가 있다. 드라마의 경우 관객의 관심을 끌만한 임팩트 있는 장면이 없기 때문에 광고를 하더라도 효과적이지 못하다. 이러한 경우 사전 시사를 통해 관객들에게 영화가 좋다는 것을 알리는 수밖에 없다.

셋째, 누구에게 보여줄 것인가?

아무리 영화가 좋다 하더라도 전 연령층을 만족시키는 영화는 드물기 때문에 영화에 맞는 관객에게 보여주는 것이 중요하다. 10대 영화를

20~30대 관객에게 보여주는 것은 무의미하다. 따라서 시사회를 할 타깃 관객을 선정할 필요가 있다. 타깃 선정은 성별, 연령별, 가족 관객 여부, 때로는 직업군별 등을 고려해야 한다. 또한 대상을 결정할 때 그들이 속한 그룹의 오피니언 리더 역할을 하는가도 중요하다. 타깃 시사회란 취향에 맞는 관객들만 선별해서 초청하는 시사회인데 전문 사이트의 도움을 받기도 한다. 예를 들어 해당 영화와 취향이 일치하는 사람을 선발할 때 사이트 '왓챠watcha'의 영화 취향 분석 기술로 뽑아낸다. 영화 〈숨바꼭질〉의 경우 이 사이트에서 선발한 관객을 대상으로 시사회를 한 후 관객 반응을 자체 측정했다. 그 결과, 영화 만족도는 5점 만점에 4.6점, 영화 추천도는 5점 만점에 4.59점의 높은 점수가 나왔다. 실제 시사회에서 관객들이 기립 박수와 환호성을 지르는 진풍경이 펼쳐졌다. 시사 관객들이 주변에 〈숨바꼭질〉을 추천하면서 긍정적인 입소문이 영화 개봉 전에 형성되어 흥행에 기여했다. 영화 〈컨저링〉 시사회 때는 공포 영화를 좋아하는 호러 마니아 그룹을 대상으로 했다.

시사회 반응은 일반적으로 남성보다는 여성이 호의적이고, 30대 이상의 성인보다는 10대~20대 관객이 시사에 대해 더 적극적인 반응을 보인다.

넷째, 어느 정도의 규모로 시사회를 할 것인가?

일반적으로 대규모 시사회를 하는 경우 만 명 이상의 관객을 대상으로 한다. 그러나 입소문이 영화의 핵심 전략인 경우에는 최고 5만 명까지 늘어나기도 한다. 2013년 10월 개봉한 이준익 감독의 〈소원〉의 경우 5만 명 시사회를 하였다. 중급 규모의 시사회를 하는 경우 오천 명에서 만 명 정도의 수준에서 이루어진다. 대규모 시사의 경우 전국 규모로 시사회를 하고, 중급 규모의 시사의 경우 대부분 수도권에 집중해서 시사회를 한다. 시사회의 시기는 입소문이 퍼져나가는 속도를 고려해서 대규모 시사회는 개봉 4주 이전에, 중급 규모의 시사회는 개봉 3주 전에 실시한다.

다섯째, 어떻게 모객할 것인가?

모객을 할 수 있는 가장 쉬운 방법은 미디어를 통한 방법이다. 이 경우 네이버나 다음 같은 대형 포털과 시사 이벤트 형식으로 모객하는 방법이 있고, 신문, 잡지와 같은 인쇄 매체, 케이블 매체를 통해서 모객하는 방법도 있다. 또한 기업과의 프로모션을 통해 모객하기도 한다. 드라마나 로맨틱 코미디와 같이 여성 타깃의 관객을 대상으로 할 때에는 화장품 업체, 쇼핑몰, 결혼중개업체와 프로모션을 통해 모객한다. 이러한 경우 관객 모집뿐만 아니라 해당 매체나 업체를 통해 영화를 광고·홍보할 수 있는 기회를 얻을 수 있다.

여섯째, 어떤 테마를 가지고 할 것인가?

영화 시사회를 할 때 가장 중요한 사항은 어떤 테마를 가지고 시사회를 하는가이다. 관객들에게 무작정 보여주고 입소문 나기를 기대하기보다 관객들의 입을 통해 나오기를 바라는 마케팅 포인트를 사전에 정해 관객들에게 주지시키는 것이 좋다. 시사회의 테마를 정해 모객을 하거나 시사회 당일 관객들에게 관람 포인트를 나누어 주는 방법도 있다. 예를 들어 공포 영화의 경우 '강심장 테스트: 견딜 수 있다면 도전하라!'라는 방식의 시사회 이벤트를 하는 것이다.

스타 투어

할리우드 영화, 특히 블록버스터 무비는 영화의 홍보를 위해 주연배우가 주요 국가를 방문한다. 그러나 불과 몇 년 전까지만 해도 할리우드 스타들이 우리나라를 직접 방문하는 경우는 극히 드물었다. 바로 옆에 전 세계 2위 영화 시장인 일본이 있기 때문이다. 할리우드 스타들의 빽빽한 스케줄을 고려할 때 일본과 한국 양쪽을 방문할 수는 없다. 그동안 영화 개봉마다 일본을 방문한 〈해리 포터〉 시리즈의 주인공 3인방을 한국에서 볼 수 없었던 것은 바로 이런 이유 때문이었다. 그러나 2000년 이후 멀티플렉스의 폭발적 증가로 우리나라 영화 시장이 점점 커지고, 일본과 중국보다 먼저 개봉하는 경우가 많아지면서 할리우드 배우의 한국 방문이 늘어나고 있다.

2007년 서울에서 할리우드 영화의 아시아 최초 프레스 정킷Press Junket을 열었던 〈트랜스포머〉는 할리우드의 눈을 한국으로 돌리게 만든 결정적인 사건이었다. 극장 개봉 수익만 놓고 본다면 미국과 캐나다 등 북미 지역을 제외하고 한국이 〈트랜스포머〉를 가장 많이 본 나라가 됐다. 이를 계기로 할리우드 스타들의 방한이 많아졌다. 〈어벤져스: 에이지 오브 울트론〉 개봉 당시에는 로버트 다우니 주니어, 크리스 에반스, 마크 러팔로가 한국을 방문했다.

할리우드 특급 배우의 한국 방문 시초는 톰 크루즈다. 1994년 톰 크루즈는 자신이 직접 제작과 주연을 맡은 〈뱀파이어와의 인터뷰〉의 홍보를 위해 한국을 방문했다. 당시 할리우드 톱스타의 한국 첫 방문이었기 때문에 많은 언론의 주목을 받았고, 언론 홍보 덕에 영화는 흥행에 성공할 수 있었다. 초기 할리우드 배우의 한국 방문은 제한된 일정으로 특정 장소(주로 호텔)에서 언론과의 인터뷰로 이루어졌으나 최근에는 언론과의 인터뷰 외에 다양한 활동을 하고 있다. 레드 카펫을 통한 관객과의 만남, TV의 특정 프로 출연(〈울버린〉 홍보를 위해 방문한 휴 잭맨은 SBS 프로그램 〈스타킹〉에 출연했다), 때로는 특정 도시의 홍보대사를 맡기도 한다. 또한 호감을 사기 위한 할리우드 배우와 감독의 노력도 다양하다. 한국말을 외우거나 현장에 찾아온 팬들과 사진을 찍는 건 기본이다. 레오나르도 디카프리오 역시 한국말로 인사를 건네고 불고기와 김치를 좋아한다며 친숙한 모습을 보이기도 했다. 〈미션 임파서블: 로그네이션〉 홍보차 한국을 방문한 톰 크루즈는 공항에서 팬과 사진을 찍기 위해 무릎을 꿇은 한 장의 사진 덕분에 관객들의 호감을 샀다.

그러나 이러한 노력에도 불구하고 할리우드 배우의 잦은 방문으로 과거에 비해 언론의 집중도가 많이 떨어졌다. 실제로 할리우드 배우의 한국 방문 시 발생하는 비용과 방문 효과를 비교하면 비용대비 효과에 미치지 못하는 경우도 발생한다. 스타 투어의 효과는 영화의 상품성과 상승작용을 한다. 영화의 흥행성이 높을 때 할리우드 배우의 방문은 흥행성을 폭발적으로 상승시키지만 흥행성이 떨어질 경우 스타가 방문했다 하더라도 크게 영향을 미치지 못한다.

스타 방문의 성공적인 예로는 좀비 바이러스와의 전쟁을 그린 〈월드 워 Z〉의 주연배우인 브래드 피트의 한국 방문이다. 브래트 피트의 첫 한국 방문으로 영화에 대한 관심이 증폭되었고 그 결과 좀비 영화로는 이례적으로 523만 명이라는 경이적인 관객을 동원했다. 대표적인 친한파 배우 톰 크루즈 역시 그의 방문으로 〈미션 임파서블: 고스트 프로토콜〉은 757만 명의 관객이라는 엄청난 성공을 거두었다. 뮤지컬 영화 〈레미제라블〉도 비상업적인 장르의 영화임에도 불구하고 휴 잭맨의 방한으로 관객의 관심을 끌게 되었고 전 세계 흥행 3위라는 경이적인 기록을 세웠다.

할리우드 배우들의 한국 방문(휴 잭맨, 브래드 피트)

실패한 예로는 경찰 내의 폭력과 부패와 싸우는 형사 이야기를 다룬 키아누 리브스의 〈스트리트 킹〉이다. 키아누 리브스의 한국 방문 당시 불성실한 태도가 언론의 지탄을 받아 결국 27만 명이라는 초라한 실적을 거두고 말았다.

할리우드 배우의 한국 방문이 과거에 비해 훨씬 수월해진 것은 사실이다. 실제로 할리우드 주연배우들이 해외 프로모션 투어에 한국을 넣어주도록 영화사에 요청하고 있다. 문제는 잦은 해외 스타의 방문으로 언론과 관객의 관심을 받기가 점점 어려워지고 있다는 것이다. 앞에서 언급한 바와 같이 단순히 기자회견과 레드카펫 정도의 방문은 더 이상 효과를 발휘하지 못한다. 따라서 스타 방문을 보다 효과적으로 활용할 수 있는 아이디어 개발이 필요하다.

할리우드 블록버스터 무비 홍보 활동

할리우드 블록버스터 무비의 경우 아래와 같은 홍보 활동을 거쳐 영화를 관객에게 알리며 홍보 활동 기간은 촬영 개시부터 영화 개봉까지 평균적으로 1년 정도의 시간이 주어진다.

영화 〈아이언맨〉 홍보 활동

Publicity Activity	General Notes
Start of Production	촬영 개시 홍보
Release Date Announcement	개봉일 고지 홍보
Preliminary Production Information	초기 제작 정보 고지:감독, 배우, 제작진에 대한 정보를 알림
Final Production Note	최종 제작에 관련된 정보:줄거리, 제작배경, cast & staff에 관한 자세한 정보 등 수록. 이를 바탕으로 보도 자료 작성
WB Owned Story	촬영 중 이야기를 담은 단편 홍보 자료
Main & End Credits	영화의 main & end 크레딧 정보
Junket Q&A's	기자회견에 관련한 Q&A
First Look Photography	처음 공개되는 영화 사진 자료
Preliminary Photography	초기 사진 자료
Special Shoot Photography	배우 또는 감독의 스튜디오 촬영 컷. 주로 잡지 표지나 주요 기사 자료로 활용됨
Photo Art for Purchase	배우 스튜디오 촬영 컷 중에 해외 사진작가가 찍은 것을 구매 시 이를 위한 정보
Production Photography	영화 장면을 찍은 스틸 컷
Behind the Scenes Photography	촬영 장면을 찍은 스틸 컷
Extended First Look video piece	처음 노출하는 동영상 자료
Extended First Look Directors Message/Commentary	처음 노출하는 감독의 코멘터리 동영상
Teaser Trailer	티저 예고편 공개
Main Trailer	메인 예고편 공개
EPK: Sound Bites & B-Roll	촬영 장면, 배우와 감독의 인터뷰를 담은 동영상: TV, 케이블, 온라인 홍보에 활용됨
EPK: Film Clips	영화 장면을 담은 동영상

Featurette/Special Clip	방송용으로 특별히 제작된 프로그램
International Junket	영화 홍보를 위한 기자회견
US Premiere Coverage	개봉 전 미국 프리미어 행사 노출 기사
Media Promotion Guidelines	미디어 프로모션 가이드라인: 영화 홍보를 위한 미디어 프로모션 시 가이드라인
Digital Press Kit	동영상, 감독 배우 인터뷰, 사진 자료 등을 담은 디지털 보도 자료
US Reviews	미국 언론과 평론가들의 리뷰
Soundtrack Information	사운드트랙 관련 정보. 음반사와 수록곡에 대한 정보
Prize Package Trip	영화와 관련된 여행 상품을 개발, 미디어 프로모션을 위한 프리미엄으로 사용. 예: 3박 4일 〈해리 포터〉 촬영지 방문
Set Visit	촬영 기간 중 세트로 언론을 초대한 홍보 활동 감독, 배우와 인터뷰, 촬영현장 공개
Long-Lead Press Interview	주로 월간지와 같은 잡지와의 인터뷰 행사
HFPA screening	할리우드 주재 특파원(Hollywood Foreign Press Association) 대상 시사회
World Premiere	전 세계 프리미어 행사: 전 세계 주요 언론을 초대 레드 카펫행사 및 시사회
International Promotion Tour	영화 홍보를 위해 감독, 배우들의 해외 방문 투어 행사 예) 〈미션 임파서블〉 홍보를 위해 톰 크루즈 한국방문

할리우드 블록버스터 무비 홍보 활동 내용

프로모션

관객을 끌어들이기 위한 마케팅 요소 중 하나인 프로모션은 크게 미디어 프로모션과 기업과의 프로모션(tie-in promotion)으로 나누어진다. 언론 매체와 하는 미디어 프로모션은 홍보 기능을 하고 기업과의 프로모션은 광고 기능을 한다.

미디어 프로모션

미디어 프로모션은 영화의 흥행을 위해 언론 매체와 프로모션하는 것이다. 언론과의 프로모션은 시사회, 스타와의 독점 인터뷰, 외국 배우의 국내 방문 중계 등의 형식으로 이루어진다. 시사회를 언론 매체와 함께 개최하여 언론 매체는 자신의 독자를 시사회에 초청하고 영화사는 매체로부터 영화 홍보와 광고의 기회를 얻는다. 배우 또는 감독과의 인터뷰, Q&A는 특정 언론 매체에게 타 매체와 차별화할 수 있는 독점적 기회를 제공하고 대신 영화사는 홍보의 기회를 얻을 수 있다.

미디어 프로모션의 주요 고려 사항은 영화의 타깃 관객과 맞는 매체인가와 매체로부터 얼마만큼의 홍보 또는 광고 지원을 받을 수 있는가이다. 홍보 또는 광고 지원은 금전적으로 환산하여 고려한다. 예를 들어 TV에서 2분짜리 예고편을 노출해 준다고 한다면 30초 기준 TV 스팟 광고비를 적용하여 가치를 환산한다. 인쇄 매체의 경우에는 지면의 기사 크기를 광고로 환산한다. 온라인은 주요 매체에 시사회, 배우·감독과의 인터뷰 기회 등을 제안한 후 가장 많은 홍보와 광고 제안을 한 매체와 프로모션한다.

미디어 프로모션으로 성공한 대표적인 케이스는 〈다크 나이트 라이즈〉로 개봉 당시에 네이버를 통해 감독과 파워블로거가 온라인 채팅을 하였다. 당시 크리스토퍼 놀란 감독은 〈다크 나이트〉와 〈인셉션〉의 흥행 성공으로 가장 주목받는 감독이었다. 그는 인터뷰에서 한국 영화 〈추적자〉를 보고 인상 깊었다는 말을 하였는데 이를 일간지에서 크게 기사화하면서 엄청난 홍보 효과와 관객의 관심을 끌었다. 네이버와의 미디어 프로모션은 5억 원 이상의 홍보 효과를 가져다주었으며 〈다크 나이트 라이즈〉는 639만 명의 관객을 동원하면서 흥행에 성공했다.

기업과의 프로모션

기업과의 프로모션은 영화사와 기업 모두 윈-윈할 수 있는 마케팅 활동이다. 기업은 영화의 지명도, 배우의 스타성을 기업의 제품과 연계하여 활용할 수 있고, 영화사는 기업의 광고 또는 프로모션을 통해 영화를 널리 알릴 수 있다.

기업과의 프로모션 시 대상 업체를 선정할 때 고려할 사항은 다음과 같다. 첫째 기업 제품의 주요 소비자와 영화 타깃 관객이 일치하느냐, 둘째 기업이 얼마나 적극적으로 광고나 프로모션 활동을 할 것인가, 셋째 영화에 출연하는 배우와 이해 충돌이 없느냐 하는 것이다. 만약 영화에 출연하는 여배우가 특정 화장품의 모델이라면 다른 회사의 화장품 업체와 프로모션을 할 수 없다.

기업과의 프로모션의 경우에는 반드시 제작자, 감독, 배우들로부터 사전에 승인을 얻어야 한다. 왜냐하면 제작자, 감독, 배우들이 자신의 영화

하이네켄 〈007 스카이폴〉 프로모션 광고

나 이미지, 초상권을 기업과의 프로모션에 사용하는 것을 거절하는 경우가 있기 때문이다. 예를 들어 〈해리 포터〉의 원작자인 조앤 롤링은 세계적인 패스트푸드 체인인 맥도날드사의 해피밀 프로모션을 거절했다. 맥도날드사와의 프로모션이 가족 관객에게 영화를 알릴 수 있는 최고의 기회임에도 불구하고 프로모션을 하지 않았다. 예술성을 강조하는 감독(스탠리 큐브릭, 크리스토퍼 놀란)의 경우에도 기업과의 프로모션으로 자신의 영화가 지나치게 상업화되는 것을 원하지 않는다. 배우 중에서도 자신의 초상권을 기업과의 프로모션에 사용하지 못하게 제한하는 경우가 있다.(예를 들어 톰 크루즈, 브래드 피트, 토비 맥과이어 등). 〈스파이더 맨〉의 주연배우인 토비 맥과이어는 프로모션에 자신의 초상권을 사용하는 것을 허락하지 않아 결국 가면을 쓴 상태이거나 뒷모습으로만 광고에 등장했다.

할리우드에서는 기업과의 프로모션을 적극적으로 하고 있다. 이는 기업의 막대한 광고비가 영화의 광고비를 줄여주기 때문이다. 버라이어티 보도에 따르면 〈007〉 시리즈의 〈퀀텀 오브 솔러스〉에 포드 자동차, 하이네켄 맥주, 스미노프 보드카, 오메가 시계, 버진 애틀란틱 항공사, 소니 에릭슨 휴대전화 같은 대기업들이 간접 광고로 참여했다. 이 회사들은 수천만 달러의 돈을 써서 〈퀀텀 오브 솔러스〉에 PPL 파트너로 참여하는 것으로 알려졌다. 배급사인 소니는 PPL로 벌어들인 수입을 공개하지 않지만 전편인 〈카지노 로열〉 PPL 협찬사들이 광고비로 쓴 1억 달러를 고려하면 1억 달러 이상이 될 것으로 예상된다고 하였다.

기업과의 프로모션 광고의 형태는 다음과 같다.

1) 영화의 포스터나 비디오 클립을 이용한 TV, 인쇄 매체, 온라인 광고 등의 제품 광고Media advertising

영화의 포스터나 비디오 클립을 활용하여 TV, 케이블, 인쇄 매체 광고에 이용하는 방법으로 기업과의 프로모션 시 가장 중요하게 고려되는 방법이다. 〈터미네이터 4〉는 국내 개봉 때 워터파크인 오션월드와 프로모션해서 영화의 액션 장면을 활용한 TV 광고를 제작 방영해 큰 효과를 보았다. 〈쿵푸 팬더〉의 경우 영화에 나오는 캐릭터를 활용해 삼성전자 TV의 광고에 활용했다. 삼성전자는 〈쿵푸 팬더〉의 팬더 캐릭터를 활용해 보드로 TV의 TV 광고와 인쇄 매체에 활용했다. 당시 북경 올림픽 공식 후원사가 아닌 삼성은 중국의 상징인 팬더를 활용해 앰부시 마케팅Ambush marketing을 했는데 대성공을 거두었다. 당시 삼성전자 홍지영 대리는 '〈쿵푸 팬더〉가 중국이 배경이고 여러 가지 면에서 베이징 올림픽이랑 잘 맞는다고 봤다. 흔히 하는 것처럼 금메달 후보를 데려다 광고하는 것은 비주얼 자체가 흔하지 않나. 또 쿵푸 팬더 캐릭터로 단순히 멋진 스포츠

〈쿵푸 팬더〉와 삼성전자 프로모션 광고

정신보다는 좀 더 귀엽고 새로운 메시지를 전달할 수 있다고 봤다. 성공할 수 있다는 확신이 있었고, 영화가 흥행하면서 더 마케팅에 힘이 실릴 수 있었다'고 평가했다.

2) 제품 포장을 활용한 프로모션On-pack promotion

제품 포장 프로모션은 소비자가 직접 구매하는 제품에 광고를 하기 때문에 효과가 더 직접적이며 매장에 진열된다는 점에서 노출 효과를 극대화할 수 있다. 제품 포장 프로모션의 경우 대부분 소비재 제품을 이용하며 음료수, 아동용 시리얼 제품 등이 대표적이다.

3) 매장을 활용한 매장 프로모션In-store promotion

매장 프로모션은 기업의 매장을 활용한 프로모션으로 매장 내에 POP, 스탠디와 같은 판촉물을 설치한다. 패스트푸드 업체의 경우 영화명이나 캐

〈토이 스토리〉와 켈로그 프로모션

〈아이스 에이지〉와 맥도날드 프로모션

릭터명을 딴 특별 메뉴를 제작하는 경우도 있다. 〈아이스 에이지〉의 경우 패스트푸드 업체에서 '아이스 에이지 쉐이크'를 개발하여 판매하였다.

기업과의 프로모션의 효과 측정은 집행된 총 광고비, 제품 포장 프로모션의 경우 포장된 제품 수량, 매장 프로모션의 경우 행사 기간 내에 매장을 방문한 소비자의 수로 측정한다. 기업과의 프로모션은 일정 기간 내에만 할 수 있다. 일반적으로 개봉 전 4주, 개봉 후 4~6주 기간으로 제한한다. 이는 기업 프로모션은 배우의 초상권이나 캐릭터를 무상으로 사용할 수 있기 때문에 영화사의 캐릭터 비즈니스와 충돌할 수 있기 때문이다. 기업과의 프로모션이 가장 잘 이루어지는 영화는 가족 영화 특히 애니메이션이다. 이는 배우와 달리 애니메이션 캐릭터는 초상권 문제가 없고 프로모션에 적극적인 제작자에게 결정권이 있기 때문이다.

기업과의 프로모션은 제품 광고에 영화의 장면, 캐릭터 등을 활용하기 때문에 영화의 인지도 상승에는 도움을 줄 수 있지만 영화 관람에 결정적인 영향을 미치지는 않는다는 점을 잊어서는 안 된다. 따라서 단순히 기업의 광고 노출이 많다는 이유로 영화의 콘셉트와 맞지 않는 상품, 또는 타깃층과 맞지 않는 상품과의 프로모션은 오히려 해가 될 뿐이다. 예를 들어 성인 타깃의 영화 또는 애니메이션을 아동 타깃의 상품과 프로모션을 할 경우 주 관객인 성인 관객을 놓칠 수 있다.

PPL Product placement

PPL은 특정 상품을 영화나 방송 속에 노출시켜 광고 효과를 노리는 광고 전략을 말한다. 상품을 직접 영화에 노출한다는 점에서 영화가 완성된 후에 집행하는 프로모션과는 다르다. 영화제작사는 제품을 영화에 노출해주는 대신 개런티를 받거나 상당 금액을 지원받아 제작비에 충당할 수 있다.

삼성전자의 〈매트릭스 2: 리로디드〉 가 대표적인 PPL 사례이다. 삼성전자는 〈매트릭스〉가 오락 영화의 차원을 뛰어넘어 하나의 문화 현상을 만들어내자 워너 브라더스에 매트릭스 폰을 제작, 공급해 삼성 휴대폰의 첨단 기술을 알리는 계기로 삼았다. 매트릭스 폰은 독일 하노버에서 개최된 세빗 전시회에서 처음 일반인들에게 공개되었다. 이어피스를 위로 올리면 6만 5천 컬러의 초박막 액정 화면이 드러나 첨단 이미지가 강조되는데 영화를 통해 전 세계적으로 알려지면서 화제를 모았다.

삼성전자는 또 〈매트릭스 2: 리로디드〉 영화 시사회, 매트릭스 폰을 사진 찍어 보내면 매트릭스 티셔츠 및 선글라스 등을 경품으로 제공하는 온라인 이벤트, 영화에 매트릭스 폰이 등장하는 횟수를 맞히는 퀴즈 이

삼성전자 메트릭스 폰

벤트 등을 실시해 좋은 반응을 얻었다. 삼성전자는 2004년 미국 시카고에서 열린 '제19회 레지 어워드' 수상식에서 프로모션 마케팅 부문 최고상인 최우수상을 수상했다.

PPL은 영화제작 초부터 이루어져야 하기 때문에 상당한 시간과 노력이 필요하다. 때로는 영화제작 과정에서 당초 계약되었던 제품 노출 여부나 노출 시간 등이 변경되는 경우가 있기 때문에 조심스럽게 접근해야 한다.

극장 마케팅

극장은 관객과 영화가 만나는 접점으로 영화 마케팅에서 중요한 장소이다. 따라서 극장 마케팅(In-theater marketing)의 중요성이 점차 커지고 있다. 극장 마케팅은 크게 극장 공간을 활용한 마케팅과 극장이 보유하고 있는 회원을 활용한 마케팅으로 나뉠 수 있다.

극장 선전물In-theater materials

극장 공간을 활용하기 위해 영화사들은 다양한 선전물을 제작하는데 대표적으로 포스터, 스탠디standee, 배너banner, 번팅bunting 등이 있다.

극장 광고물

극장 광고물은 외곽 대형 배너, 극장 로비의 와이드컬러, 동영상을 보여주는 PDP, 엘리베이터, 화장실 등에 설치한다.

〈해리 포터와 죽음의 성물〉 대형 배너

회원 대상 마케팅

대규모 회원을 보유하고 있는 극장 홈페이지를 통해 영화 판촉물을 이용한 이벤트, 시사회 초청 이벤트 등을 할 수 있다. 이 경우 극장 측은 자사의 회원들에게 이벤트 고지 메일을 발송하므로 영화 인지도 상승에 기여할 수 있다.

〈우아한 거짓말〉 CGV 회원 이벤트 페이지

PART 2

흥행 대박을 위한 10가지 법칙

ALL ABOUT MOVIE MARKETING

제1법칙
첫 번째가 되어라

에드먼드 힐러리 경, 찰스 린드버그, 닐 암스트롱. 이들의 공통점은? 에드먼드 힐러리경은 세계 최고봉 에베레스트를 처음 오른 산악인이다. 찰스 린드버그는 처음으로 무착륙 단독 비행으로 대서양을 건너는 데 성공한 사람이다. 닐 암스트롱은 인류 역사상 달에 첫발을 내디딘 최초의 우주인이다.

이들의 공통점은 모두 '처음'이라는 타이틀을 달고 있다는 것이다. 그럼 에베레스트를 두 번째로 오른 사람은? 대서양을 두 번째로 무착륙 단독 횡단한 사람은? 달에 두 번째로 발을 디딘 사람은? 기억이 나지 않는다.

그렇다면 〈아이언맨〉, 〈스파이더맨 3〉, 〈미션 임파서블〉. 이들의 공통점은? 〈아이언맨〉은 2008년 5월 5일 개봉, 〈스파이더맨 3〉는 2007년 5월 6일 개봉. 〈미션 임파서블 3〉는 2006년 5월 7일에 개봉했다.

전세계가 기다린
그가 돌아왔다!
톰 크루즈
미션임파서블III
M:i:III

스파이더맨 vs 스파이더맨
어둠이 될 것인가,
어둠에 맞설 것인가!
스파이더맨 3
SPIDER-MAN 3

로버트 다우니 주니어
테렌스 하워드
제프 브리지스
기네스 팰트로우
이제 업그레이드는 끝났다
하이테크 슈퍼히어로의 탄생
아이언맨
4월말, 당신의 눈을 업그레이드 시켜라!

이들의 공통점? 그해 블록버스터 무비 시즌의 첫 번째 주자들이었다.

1973년 노벨상을 탄 오스트리아 학자 로렌츠는 인공부화로 갓 태어난 새끼 오리들이 태어나는 순간에 처음 본 움직이는 대상, 즉 사람인 자신을 마치 어미 오리처럼 졸졸 따라다니는 것을 발견하였다. 그는 이런 생후 초기에 나타나는 본능적인 행동을 각인(imprinting)이라고 불렀다. 각인 효과는 갓 태어난 동물이 그 어미와 처음으로 만나 어미의 특징을 몸에 기억하는 것을 가리키는 생물학 용어이다. 새끼가 자신의 기억 속에 어미의 특징을 잊지 않도록 고정하는 데 불과 수 초밖에 걸리지 않는다고 한다. 어린 오리가 태어났을 때 처음 보는 사물, 그것이 인간일지라도 자신의 어미로 인식하는 것이 각인 효과의 대표적인 예이다.

할리우드 영화의 시즌을 보면 5월부터 7월 중순까지 이어지는 시기와 11월 중순 추수감사절부터 새해까지 이어지는 기간이 연중 가장 흥행 성적이 좋은 기간이다. 특히 5월부터 시작하는 여름 시즌은 상업적인 블록버스터 무비의 경연장이다. 상대적으로 2월부터 4월, 8월부터 11월 초까지는 비수기라 할 수 있다. 매년 2월부터 4월까지 제작비 규모가 작은 B급 영화가 나오다 보니 관객들은 블록버스터급 대작에 목이 말라 있고 블록버스터 무비가 나오길 학수고대한다. 이런 상황에서 첫 번째로 개봉하는 블록버스터 무비는 관객들의 인식에 강하게 남기 때문에 흥행 성공을 보장받는다. 블록버스터 무비 시즌에 제일 먼저 개봉하는 영화는 그 이후에 개봉하는 영화에 비해 쉽게 관객의 인식에 각인되기 때문이다. 2012년 〈어벤져스〉, 2013년 〈아이언맨 3〉, 2014년 〈캡틴 아메리카: 윈터 솔져〉, 2015년 〈어벤져스: 에이지 오브 울트론〉이 블록버스터 무비 시즌의 첫 영화로 흥행에 성공한 사례이다.

〈해운대〉는 천만이 넘는 관객을 동원했다. 이전의 천만 관객 동원 영화는 〈태극기 휘날리며〉, 〈실미도〉와 같이 정치적 이슈가 있는 영화인 데 반해 〈해운대〉는 정치적 이슈 없이 오락 영화로 천만을 돌파했다. 이 영화가 성공할 수 있었던 것은 우리나라 최초로 제작된 대형 재난 영화이기 때문이다. 재난 영화는 자연의 재난 속에서 인간들이 위기와 시련을 이겨내는 장르로 우리나라 관객들이 특히 좋아하는 장르다. 혜성의 지구 충돌을 그린 〈아마겟돈〉, 지구의 빙하기 도래를 그린 〈투모로우〉, 거대한 파도로 전복된 유람선 속에서 살아남기 위해 고군분투하는 〈포세이돈〉 등은 국내에서 높은 흥행을 기록했다. 특히 〈포세이돈〉은 미국에서의 흥행 실패에도 불구하고 우리나라에서는 성공했다. 〈해운대〉는 한국 영화 최초의 대형 재난 영화라는 점에서 관객들의 마음에 각인되었고, 탄탄한 스토리로 천만 이상의 관객을 동원하였다.

첫 번째가 되기 위해서 반드시 블록버스터 무비 시즌의 첫 번째로 개봉하거나 기존에 없었던 새로운 장르일 필요는 없다. 일정 시기 동안 개봉하지 않았던 장르의 영화가 처음 개봉했을 때도 같은 효과가 나타난다. 영화 〈하모니〉는 스타 파워가 없는 출연진과 교도소 내에서의 이야기라는 이유로 개봉 전 크게 주목받지 못했다. 그러나 〈하모니〉가 개봉될 즈음 이러한 감동 코드의 영화가 오랫동안 없었다. 따라서 감동 코드의 영화가 겨울 시즌에 처음으로 개봉하자 300만 명이라는 관객을 동원하면서 흥행에 성공하였다. 영화 마케팅에서 '올해 첫 감동 드라마', '여름 시즌 첫 공포 영화' 등의 카피를 자주 쓰는 이유가 바로 이 때문이다.

마케팅에서 가장 좋은 방법은 소비자의 마음에 처음으로 각인되는 것이다. 그것은 마치 순백의 도화지에 마음대로 그림을 그리는 것과 같다.

매해 처음 개봉하는 블록버스터는 후발 주자에 비해 적은 비용으로도 관객에게 훨씬 더 효과적으로 어필할 수 있는데 이것이 선발 주자의 이점이다.

오리온 초코파이

오리온 초코파이는 장수 제품의 대표주자로 1974년 출시 당시 그해 10억의 매출을 올린 뒤 2003년 제과업계 사상 단일 제품으로는 출시 이래 1조 원의 매출을 올린 효자 상품이다.

부드러운 초코 케이크에 마시멜로의 말랑말랑한 맛을 결합한 초코 과자는 제과 시장에 처음으로 등장하였다. 오리온 초코파이는 선풍적인 인기를 끌었고 그 후 다른 경쟁 제과에서 초코파이와 동일한 제품을 만들어 냈지만 짝퉁이라는 이미지에서 벗어날 수 없었다.

김치냉장고 '딤채'

1995년 11월 김치냉장고라는 기존에 존재하지 않았던 종류의 가전제품인 딤채가 출시되었다. 원래 자동차와 건물의 냉방 시스템 쪽에서 기술력을 다져온 만도기계(현 대유위니아)가 냉장고 시장에 진출을 꾀하면서 기존에는 존재하지 않았던 틈새시장을 발굴한 것이었다. 만도는 '프랑스에는 와인 냉장고, 일본에는 생선 냉장고가 있는데 왜 우리나라에는 우리의 고유한 음식 문화인 김치를 위한 냉장고가 없을까?'라는 의문에서 힌트를 얻었다고 한다. '김치 전용 냉장고'라는 새로운 시장을 연 딤채는 폭발적인 성장력을 보였다. 딤채의 성공으로 삼성, LG와 같은 대기업들이 김치냉장고 시장이 뛰어들었지만, 김치냉장고 부문에서 아직 딤채를 이기지 못하고 있다. 딤채의 예는 중소기업이 대기업을 이긴 사례로 하버드 비즈니스 스쿨의 마케팅 교재가 되기도 했다.

> 광고를 할 때, 가장 좋은 방법은 업계에서 최고의 상품을 선보이는 것이다. 그러나 그보다 더 좋은 방법은 첫 번째가 되는 것이다.
>
> 잭 트라우트, 알 리스, 《포지셔닝》

제2법칙
이슈를 만들어라

영화계에는 '이슈를 만들어내라, 그럼 대박이 난다'라는 말이 있다. 이슈를 만들어내면 미디어의 주목을 받게 되고 이로 인해 사람들의 관심을 얻게 되기 때문이다. 다음은 이슈를 만들어내 흥행에 성공한 사례들이다.

〈아일랜드〉

2005년 한국은 '황우석 박사 신드롬'으로 온 나라가 들썩였다. 체세포 복제를 통한 난치병 정복이 눈앞에 다가온 것 같았다. 영화사는 '황우석 박사 신드롬'을 이용해 유전자 복제라는 소재를 최대한 이슈화하였다. 〈아일랜드〉는 유전자 복제로 대체 인간을 만든다는 충격적인 영화였지만 미국에서는 비평가들에게 혹평을 받으며 3,500만 불의 초라한 흥행 성적을 거두었다. 1억 2,600만 불이라는 블록버스터급 제작비를 고려하면 미국 내 흥행 성적은 참패에 가까웠다.

〈아일랜드〉는 전 세계적으로 흥행이 부진한 반면 한국에서는 '황우석 박사 신드롬'에 힘입어 전국 340만 명을 동원하며 그해 여름 시즌 최고의 흥행작이 되었다. 〈아일랜드〉는 유전자 복제 열풍을 효과적으로 이슈화하여 성공한 사례이다.

〈화씨 9/11〉

〈화씨 9/11〉은 실패한 텍사스 석유 재벌에서 미국 대통령이 된 부시 대통령의 행보와 9.11 테러 사건, 이라크전을 추적한 영화다. 〈화씨 9/11〉은 당시 국내의 젊은 층과 지식인층에 널리 퍼져있는 부시 대통령에 대한 극도의 혐오감을 이슈화하였다. '21세기 가장 쇼킹한 폭로, 부시 대통령이 열 받아도 7월에 개봉한다'라는 카피로 관객을 공략했다. 당시 노무현 정부의 진보적 성향에 심정적으로 동조하는 분위기에서 극우 보수 정권이라 할 수 있는 부시 행정부에 대한 통렬한 비판은 단번에 이슈가

되었다. 외국의 다큐멘터리 영화는 극장에 개봉하기도 어려운 상황에서 〈화씨 9/11〉은 전국 46만 명의 관객을 동원하면서 흥행에 성공했다.

〈쉬리〉, 〈공동경비구역 JSA〉, 〈웰컴 투 동막골〉, 〈실미도〉, 〈연평해전〉

한국영화에서 소위 초대박 흥행을 기록한 영화는 대부분 사회적 이슈를 불러일으키며 국민적 관심을 끌었다. 한국형 블록버스터의 시조인 〈쉬리〉(1998)를 시작으로 〈태극기 휘날리며〉(2003), 〈공동경비구역 JSA〉(2000), 〈웰컴 투 동막골〉(2005), 〈연평해전〉(2015)은 남북문제를 이슈화하였다. 한때 한국영화 최고 흥행작들이 대부분 남북문제를 다루었기 때문에 흥행에 성공하려면 남북문제를 다루어야 한다는 흥행 공식이 충무로에 떠돌았다.

쉬리
SWIRI

여덟발의 총성! 진실은 그곳에 있다
공동경비구역 JSA
JOINT SECURITY AREA
www.myungfilm.co.kr - www.cyberjsa.com - chollian: go cyberjsa

웰컴 투 동막골
1950년, 지금은 전쟁중...?

이름도 없었다...
존재도 없었다...
살려둘 이유도 없었다!
684 북파부대
실미도
32년을 숨겨온 진실...이제는 말한다!
www.silmido2003.co.kr

〈악마를 보았다〉

영화 〈악마를 보았다〉는 영화 개봉 전부터 등급 심의로 화제가 되었다. 지나친 폭력성 때문에 한국영화 사상 처음으로 제한상영등급 판정을 받았고 우여곡절 끝에 몇 장면을 단축하여 청소년관람불가 등급을 받았다. 언론에서 영화에 대한 논란이 거듭됐다. 찬성하는 쪽은 '폭력을 통해 세상의 끝을 본다'고 하였다. 반대하는 쪽은 '폭력만 있고 성찰이 없다'고 했다. 영화 평론가 이동진은 '정육점 스릴러'라는 말로 이 영화를 표현했다. 온라인에서 관객들의 평이 극과 극을 달렸다. '최민식, 이병헌의 연기가 죽인다', '복수극으로는 최고'라는 반응이 있었던 반면에 '이유 없는 잔혹함에 치가 떨린다', '이 영화 만든 사람들 정신감정 받아야 한다' 등 혹평도 따랐다. 영화의 폭력성의 수위로 인한 논란은 화제를 불러일으켰다.

〈도가니〉

소설가 공지영 원작의 〈도가니〉는 청각장애인의 성폭력 사건을 다룬 이야기로 개봉 전 흥행에 대해 매우 회의적이었다. 그러나 영화를 본 관객들은 영화의 내용이 실화라는 사실에 분노하기 시작했다. 당시 사람들은 사회의 양극화 현상에 좌절하고, 분노하는 마음을 품고 있었다. 2010년 출판된 하버드대학 교수 마이클 샌델의 《정의란 무엇인가》는 인문학 서적으로는 보기 드물게 100만 부 이상 판매되며 대중들이 정의에 대한 갈증과 사회 부조리에 대한 분노를 품고 있음을 보여주었다. 이런 분위기 속에 개봉한 〈도가니〉는 영화계의 예상을 뒤집고 사회적으로 엄청난 반향을 불러일으키며 흥행에 대성공했다.

애플사의 아이팟, 아이폰

애플사의 제품은 단순히 제품 이상을 넘어 새로운 문화적 트렌드를 만들어냈다. 음악 파일을 재생하는 MP3 플레이어인 아이팟은 출시하자마자 엄청난 인기를 얻었고 2004년 말 기준으로 전체 디지털 음악 재생기기 시장에서 70% 이상의 점유율을 기록하였다. 스마트폰의 시대를 연 아이폰 역시 출시하자마자 열광적인 지지를 받으며 모바일 시장의 판도를 바꾸었다.

아이팟과 아이폰의 성공은 제품의 우수성과 더불어 스티브 잡스라는 걸출한 CEO가 있었기 때문이 아닐까 한다. 그는 신제품을 발표할 때마다 극도의 비밀 마케팅을 구사하여 소비자의 관심을 최대한 고조시킨 뒤 신제품 소개를 넘어 문화라는 이슈를 만들어냈다.

제3법칙
스틱, 착 달라붙는 메시지를 만들어라

현대는 광고의 시대로 우리가 하루에 접하는 광고는 3천여 개가 넘는다는 연구 보고가 있다. 이 많은 광고 중에 왜 어떤 광고는 기억에 남지만 어떤 광고는 기억조차 나지 않는 걸까?

1992년 칸 영화제에서 대상을 받은 로버트 알트만 감독의 〈플레이어〉는 할리우드 제작 시스템을 비판하고 있다. 하루에도 수십 개의 시나리오를 받는 영화제작사 부사장은 시나리오 작가를 불러 "3분 안에 시나리오에 대해 설명해 보게."라고 말한다. 3분을 들어본 후 관심이 생기면 시나리오를 진행하고, 아니면 끝이다. 광고도 마찬가지다. 우리들의 마음은 '이봐, 바쁘니까 딱 10초만 시간 내줄게'라고 말한다. 10초 안에 관심이 생기면 기억하고 아니면 깨끗이 잊어버린다. 우리의 기억 창고는 컴퓨터와 마찬가지로 거의 용량 초과 상태이다. 당장 관심을 확 끌지 못하

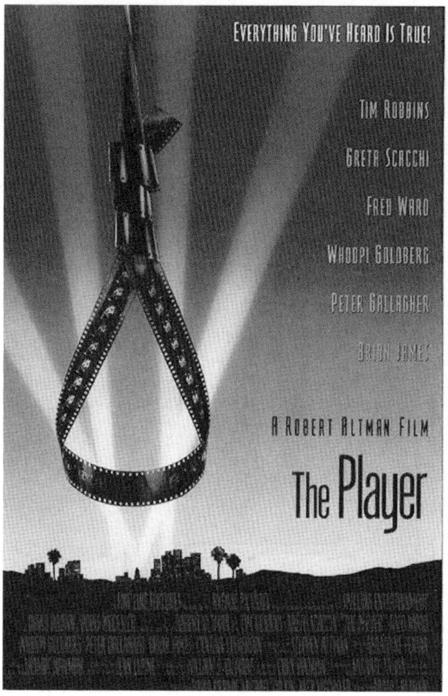

면 바로 튕겨져 나간다.

- 콜라를 마시면 사람의 뼈와 이를 부식시킨다.
- 중국의 만리장성은 우주에서 육안으로 볼 수 있는 유일한 인공 건축물이다.
- 인간은 평생 뇌의 10%밖에 사용하지 않는다.
- 발 없는 말이 천리를 간다.

위의 이야기들은 한 번만 들어도 머릿속에 기억된다. 왜 어떤 이야기는 반복해서 들어도 기억되지 않고 어떤 이야기는 한 번만 스쳐 들어도 기억에 남는 걸까?

'문제는 경제야, 이 멍청아(It's the economy, stupid)!'

위의 한마디가 1992년 대선에서 걸프전 승리를 무기로 재선에 도전한 부시 대통령(父)을 누르고 알칸소 주지사 출신의 빌 클린턴을 승리하게 해준 선거 캐치프레이즈다. 당시 워싱턴 정치 무대에서 무명이던 빌 클린턴은 이 캐치프레이즈로 미국 국민들의 뇌리 속에 경제의 중요성을 환기시켜서 승리했다. 이는 착 달라붙는 스토리가 얼마나 중요한가를 잘 보여준 사례이다.

우리나라의 경우 한 번에 기억 속에 달라붙는 대표적 사례를 꼽으라면 2008년 소고기 파동을 예로 들 수 있다. 당시 소고기 파동을 촉발한 것은 MBC 'PD 수첩'이다. 이 프로그램은 서 있지 못하고 쓰러지는 '다우너downer' 소를 비추면서 광우병의 위험을 고발했다. 방송 후 '광우병 걸린 소고기를 먹으면 뇌에 구멍이 숭숭 뚫린다.'라는 괴담이 돌았고 사람들은 그 한마디에 집단 반응을 보였다.

영화에서도 착 달라붙는 이야기로 성공한 영화들이 있다.

〈해운대〉

마음에 달라붙는 이야기의 예를 들자면 〈해운대〉를 들 수 있다. 2007년 필자에게 영화계에 있는 한 사람이 어느 날 와서 "해운대에 쓰나미가 닥치면…이라는 전제로 시나리오 작업을 하고 있는데 어떻게 생각하세요?"라고 물었다. 쓰나미라면 이미 2004년 수십만 명의 인명을 앗아간 동남아 지역 쓰나미를 통해 그 위력을 알고 있었다. 거대한 지진 해일이 한국에서 발생한다면 어떨까. 당장 궁금해졌다. 만일 쓰나미가 외국에서 일어난다면 크게 흥미가 동하지 않았을 것이다. 그런데 어마어마한 쓰나미가 해운대를 덮친다고 하는 상상 자체가 마음에 착 달라붙었다. '참 괜찮은 이야기네. 아직 한국영화가 대규모 재난 영화에 도전해 본 적이 없고, 특히 우리 관객이 재난 영화를 선호하니까 승산이 있겠다. 그런데 제작비와 기술적인 부분은 어떻게 해결하지?'하고 다시 물었던 적이 있다. 그 후 까맣게 잊고 있다가 윤제균 감독이 〈해운대〉를 찍고 있다는 소식을 들었다. 윤제균 감독이란 말을 듣고 고개를 갸우뚱했다. 광고 회사 출신인 윤제균 감독은 〈색즉시공〉, 〈1번가의 기적〉으로 재치 있는 코미디를 만드는 데 재능이 있지만 과연 쓰나미를 소재로 한 대형 재난 영화를 할 수 있을까 하는 생각이 들었다. 나중에 들은 이야기지만 제작사인 CJ엔터테인먼트도 투자배급을 결정할 때 이 문제로 엄청 고민했다고 한다. 그러나 '해운대에 거대한 쓰나미가 덮친다'라는 착 달라붙는 스토리가 관객의 마음을 사로잡아 천만 관객 영화가 되었다.

〈벤자민 버튼의 시간은 거꾸로 간다〉

스콧 피츠제럴드 원작의 〈벤자민 버튼의 시간은 거꾸로 간다〉는 제목 그대로 시간의 흐름이 거꾸로 흐르는 벤자민 버튼의 일생을 그린 영화다. 사람은 아이로 태어나 노인으로 죽는다는 것이 상식이지만 벤자민 버튼은 노인으로 태어나 아이로 죽는다. 일반의 상식에 반하는 시간이 거꾸로 흐른다는 스토리는 관객의 기억에 쉽게 남을 수 있었다.

〈데스노트〉

일본의 히트 만화를 영화화 한 〈데스노트〉의 '이 노트에 사람 이름을 적으면 그 사람은 죽는다'라는 스토리는 단번에 뇌리에 각인된다. 누구나 세상을 살면서 한 번쯤은 자신을 괴롭히는, 아니면 미워하는 누군가가 죽기를 바란 적이 있다. 물론 살인을 하지는 않지만 마음속으로 생각해 보았을 것이다. 이러한 상상을 바탕으로 한 〈데스노트〉는 관객의 마음에 착 달라붙을 수 있는 스토리다.

〈300〉

'역사상 가장 위대한 전사들이 온다! BC 480년, 300명의 전사들이 100

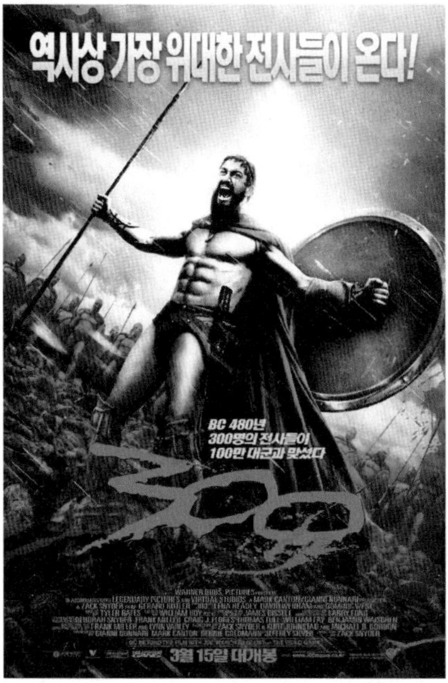

만 대군과 맞섰다!'

〈300〉은 기원전 480년 3차 페르시아 전쟁 때 레오니다스 왕을 포함한 300명의 스파르타 군사들이 테르모필레 협곡을 지켜 100만의 페르시아군을 물리친 이야기다. 〈새벽의 저주〉로 할리우드에 데뷔한 잭 스나이더 감독은 〈300〉을 통해 강렬한 고대 전투신을 재현해 관객들의 열렬한 지지를 받았다. 터져 나올 듯한 근육과 식스팩의 스파르타 전사들의 지나친 잔혹함 때문에 여성 관객들이 외면하리란 예상을 깨고 여성 관객들에게도 엄청난 반향을 불러일으켰다.

영화사는 '300명의 전사가 100만 대군과 맞섰다'라는 카피로 관객을 공략했으며 상식적으로는 말도 안 되는 이야기가 전설이 아닌 역사적 사실이라는 사실을 광고와 홍보에 활용했다.

소비자의 마음을 한 번에 사로잡는 스토리는 어떻게 형성될까?

스탠퍼드대학교 경영대학원 칩 히스 교수가 자신의 동생 댄 히스와 함께 쓴 《스틱》에서는 다음과 같은 6가지 법칙을 활용하면 사람의 마음에 착 달라붙는 스토리를 만들어 낼 수 있다고 한다.

스틱의 법칙

- **단순성:** 단순하면서도 심오한 내용의 메시지를 담아라.

예) 내가 대접받고자 하는 대로 남을 대접하라.

- **의외성:** 직관에 반하는 결론을 내세워라.

예) 하루 세끼 꼬박 콜레스테롤이 다량 함유된 식사를 하는 것보다 팝콘 한 봉지 먹는 편이 더 건강에 해롭다.

- **구체성:** 속담은 추상적인 진리를 구체적인 언어로 표현한다. 구체적일 때 더 잘 기억한다.

예) 손안에 든 한 마리 새가 덤불 속 두 마리 새보다 낫다.

- **신뢰성:** 메시지가 신뢰성이 있어야 한다.

예) 여러분 투표하기 전 스스로 물어보세요. 4년 전보다 살기 좋아졌는가?

- **감성:** 사람의 이성보다 감성을 자극하라.
- **스토리:** 간단하고 기발하며 구체적이고 진실하며 감정을 불러일으키는 스토리를 만들어라.

〈해운대〉는 단순성과 감성을, 〈벤자민 버튼의 시간은 거꾸로 간다〉와 〈데스노트〉는 의외성, 〈300〉은 구체성과 감성을 자극한 스토리로 관객의 마음을 사로잡았다.

일반 상품 중에서도 착 달라붙는 스토리로 소비자의 마음을 사로잡은 상품들이 있다.

에비앙

프랑스 혁명중인 1789년, 알프스의 작은 마을 에비앙에 신장 결석을 앓던 한 후작이 요양하고 있었다. 몸에 좋다는 주민들의 권유에 따라 후작은 에비앙의 지하수를 꾸준히 마셔 병이 깨끗이 나았다. 후작은 이 마을의 물을 연구하기 시작했고, 이 물이 알프스 산맥의 눈과 비가 약 15년을 거쳐서 정화되었을 뿐만 아니라 미네랄 성분이 포함되었다는 사실을 알게 됐다. 1878년 마침내 에비앙 생수는 프랑스 정부의 공식 허가를 받아 상품으로 판매된 최초의 물로 기록됐다. 에비앙 생수는 단순한 물이 아니라 몸에 좋은 물이라는 콘셉트가 고객의 마음에 달라붙은 것이다.

지포ZIPPO

1942년 제2차 세계대전 중에 지포는 일반 소비자 판매를 중단하고 미군 납품에 주력했다. 투박하지만 단단하고 웬만한 비와 바람에도 꺼지지 않아 전쟁 중에 사용하기엔 최적이었다. 지포의 이름이 결정적으로 퍼지기 시작한 것은 1960년대 베트남 전쟁 당시 적군이 쏜 총에 가슴을 맞은 한 미군 병사가 가슴 주머니에 넣어 둔 지포라이터 덕에 생명을 구했다는 이야기가 기사화되면서이다. 이 이야기가 회자되면서 젊은 남자들은 지포라이터에 열광했다.

메이블린 마스카라

평범한 화학자 윌리엄즈는 1913년 실연을 당한 동생을 기쁘게 해주려고 바셀린 젤리와 분탄을 혼합해 속눈썹을 진하게 하는 제품을 만들었는데 이것이 최초의 마스카라다. 그는 동생의 이름인 메이블과 바셀린을 합친 합성어 '메이블린'이라는 회사를 차려 마스카라를 대중에게 선보였다. 동생의 아픈 마음을 달래주려는 오빠의 마음, 메이블린은 이 감성적인 실제 스토리를 브랜드 이미지 전략에 활용하였고 이 스토리는 여성 소비자의 마음을 사로잡았다.

제4법칙
잘 지은 이름 열 딸 부럽지 않다

아마 태어난 자식의 이름을 마음대로 짓는 부모는 없을 것이다. 동양에서는 이름은 운명을 결정하는 힘이 있다고 해서 작명에 특히 고심을 한다. 이름은 한 개인의 인격체와 다름없다. 어떤 사람을 이야기할 때 머리색은 어떻고, 눈은 얼마나 크며, 키는 어떻다고 설명하기보다 이름을 대면 바로 그 사람이 더 빠르고 분명히 떠오른다.

사람의 이름이 중요하듯 상품도 제품명이 대단히 중요하다. 기업이 광고에 막대한 비용을 투자하는 이유도 소비자에게 제품명을 인지시키기 위해서이다. 특히 영화는 다수의 작품과 경쟁을 해야 하고 라이프 사이클이 1주에서 4주 정도로 극히 짧기 때문에 관객의 뇌리에 쉽게 파고들어 각인될 수 있는 제목이 중요하다. 영화 제목을 짓는 데 정해진 원칙이 있지는 않다. 한때 충무로에서는 〈영웅본색〉이 히트하자 4자 제목이 유행한 적이 있었고 실제로 어떤 영화사 사장은 홀수를 피해 영화 제목을 정해야 한다고 하기도 했다. 그러나 실제로는 다음의 원칙을 제목에 반영하는 것이 중요하다.

첫째, 제목은 간결할수록 좋다. 특히 액션 영화라면 더욱 그렇다

〈스피드〉

1994년 여름을 강타한 액션 블록버스터 〈스피드〉는 좋은 제목의 대표적인 예이다. 미치광이 인질범과 이를 막기 위한 경찰 특공대원의 대결을 그린 이 영화는 시종일관 손에 땀을 쥐게 한다. 특히 로스앤젤레스 도심을 가로지르는 버스 액션은 잠시도 한눈을 팔 기회를 주지 않는다. 〈스피드〉는 그해 여름 영화계를 강타하면서 흥행 1위작이 되었으며 당시 무명이었던 키아누 리브스를 세계적인 액션 스타로 발돋움하게 하는 계기가 되었다. 영화 제목 〈스피드〉는 간결하면서도 영화의 콘셉트를 효과적으로 전달하여 관객들이 한 번만 들어도 기억하는 좋은 제목이다.

〈추격자〉

한국형 스릴러의 새로운 장을 연 〈추격자〉도 강한 인상으로 성공한 제목이다. 연쇄 살인마 사이코패스(하정우)와 그를 쫓는 전직 형사(김윤식)의 대결은 이제까지 한국영화에서 볼 수 없었던 긴장감을 보여준다. 영화 시작부터 끝날 때까지 관객의 호흡을 쥐락펴락하는 사건의 전개는 최강의 몰입도를 보여준다. 특히 〈추격자〉라는 제목은 이 영화의 백미인 좁은 골목길에서 처음 대면한 하정우와 김윤식이 쫓고 쫓기는 장면과 잘 어울린다.

〈관상〉

송강호, 이정재 주연의 〈관상〉처럼 기억하기도 쉽고 영화의 내용을 잘 전달하는 영화 제목도 드물다. 영화 〈관상〉은 조선 최고의 관상가가 수양대군의 역모에 휩쓸리면서 벌어지는 사건을 그린 영화이다. 단종을 몰아낸 수양대군의 역모에 관련한 역사적 사실을 잘 짜여진 플롯과 중량감 있는 배우들의 연기로 영화는 흥행에 성공했다. 특히 제목 '관상'이 기억하기도 쉬워서 관객들은 '영화 보러 가자'는 말 대신 '우리 관상 보러 가자'라고 말했다.

둘째, 영화의 콘셉트를 잘 전달해야 한다.

〈10일 안에 남자 친구에게 차이는 법〉

여자는 10일 안에 차여야 하고, 남자는 10일 안에 자신을 사랑하게 해야 하는 서로 다른 임무 속에서 데이트를 시작한 남녀가 속사정을 알게 되면서 이야기가 꼬이는 유쾌한 로맨틱 코미디다. 이 영화의 제목인 〈10일 안에 남자 친구에게 차이는 법〉은 영화의 콘셉트를 잘 전달하면서 특히 여성 관객들의 호기심을 자극했다. 만약 제목이 '10일 안에 남자 친구를 만드는 법'이었다면 영화가 흥행하지 못했을 것이다. 그런 이야기는 여성 잡지의 단골 메뉴이기 때문에 식상하다. 의외성을 지닌 제목이 관객의 호기심을 자극했다고 할 수 있다.

〈사랑의 레시피〉

〈사랑의 레시피〉는 유명 레스토랑의 수석 주방장 케이트가 갑자기 자신의 생활에 끼어든 조카와 새로 온 부주방장으로 인해 혼란을 겪다가 사랑을 찾아가는 이야기이다. 원제 〈No Reservations〉은 아마 성공을 위해 달리는 커리어우먼 케이트의 마음에 사랑을 예약할 수 있는 공간이 없음을 나타낸 것 같다. 그런데 원제는 이 영화가 가진 독특한 음식의 세계와 여성적인 섬세한 느낌을 드러낼 수 없으리라 여겨졌다. 영화사는

고민 끝에 음식 용어인 레시피를 사용하여 〈사랑의 레시피〉로 개봉하기로 결정하였다. '레시피'는 음식의 조리법을 뜻하는 요리 용어로 처음에는 너무 어려운 게 아니냐는 내부의 반대 의견이 있었다. 그러나 영화의 타깃이 여성 관객이고 또한 음식에 관련된 영화이기 때문에 과감히 '레시피'라는 용어를 사용하였다. 결과적으로 영화는 흥행에 성공하였고 제목은 영화의 콘셉트를 효과적으로 전달하는 데 기여했다.

셋째, 관객의 호기심을 자극해야 한다.

〈사랑할 때 버려야 할 아까운 것들〉

2004년 밸런타인데이 주간에 개봉한 〈사랑할 때 버려야 할 아까운 것들〉은 로맨틱 코미디의 제목의 새 지평을 연 영화이다. 이전에는 대부분 원제를 한국어 발음으로 음독하거나 서술형이 아닌 2자, 4자 제목 등 딱 떨어지는 제목을 붙였다. 원제를 사용하자니 '썸싱즈 갓어 기브'라는 전혀 의미를 알 수 없는 제목이 되어버려 원제 사용을 포기하고 한글 제목을 정하기로 하였다. 기존의 방식대로 '사랑의 함정', '애모' 등이 거론됐으나 마음에 들지 않았다. 그래서 기존과 다른 방식으로 작명을 하기로 했다. 이 영화는 레코드 가게 사장인 천하의 바람둥이(잭 니콜슨)가 자기 나이보다 30살은 어린 여자(아만다 피트)와 주말을 보내기 위해 그

녀의 엄마(다이안 키튼)의 주말 별장에 왔다가 갑자기 심장마비를 일으켜 할 수 없이 그곳에 머무르게 되면서 다이안 키튼과 사랑에 빠지는 이야기이다. 당시 영화사는 잭 니콜슨과 다이안 키튼이라는 노배우의 러브 스토리가 관객의 주목을 끌어내기란 어려우리라고 생각을 했다. 그래서 관객의 호기심을 자극할 수 있는 제목을 만들어 내기 위해 고심을 했는데 그 결과 영화의 내용 중에서 잭 니콜슨이 싱글의 자유로움을 포기하는 과정에서 아이디어를 얻어 〈사랑할 때 버려야 할 아까운 것들〉이라는 제목을 만들어 냈다. 이런 식의 작명이 처음이라 걱정을 많이 했지만 결과는 대성공이었다. 위트 있는 제목이 관객들의 호기심을 자극하였다. 〈사랑할 때 버려야 할 아까운 것들〉 이후 이와 비슷한 로맨틱 코미디 제목이 줄을 이었다.

〈버킷 리스트: 죽기 전에 꼭 하고 싶은 것들〉

〈버킷 리스트: 죽기 전에 꼭 하고 싶은 것들〉은 잭 니콜슨, 모건 프리먼 주연의 죽음을 앞둔 두 노인의 이야기로 제목의 덕을 톡톡히 본 영화이다. 잭 니콜슨, 모건 프리먼 같이 노장 배우가 나온 영화는 젊은이들이 주 관객층인 국내에서 흥행에 성공하기 힘들다. 영화 원제목인 '버킷 리스트bucket list' 역시 관객에게는 다소 생소한 용어였다. 버킷 리스트란 죽기 전에 꼭 해보고 싶은 일과 보고 싶은 것들을 적은 목록을 가리킨다. '죽다'라는 뜻으로 쓰이는 속어인 '킥 더 버킷'에서 나온 말로, 중세 시대에 죄수의 목에 올가미를 두른 뒤 뒤집어 놓은 양동이(버킷) 위에 서게 한 다음 양동이를 걷어차 사형을 집행한 데서 유래하였다. 원제의 생소함 때문에 제목을 정하는 데 애를 먹었다. 그런 중에 '죽기 전에 꼭 가

봐야 할 곳, 들어야 할 음악, 읽어야 할 것…' 등 시리즈가 출판계에서 인기를 끌고 있었다. 그래서 부제(subtitle)를 두고 '살아 있는 동안 꼭 해야 할 것들', '살아 있는 동안 꼭 하고 싶은 것들', '죽기 전에 꼭 해야 할 것들', '죽기 전에 꼭 하고 싶은 것들'을 고민했다. 처음에는 '살아 있는…'이 더 긍정적이고 밝다는 의견이 있었다. '죽기 전에'라는 말이 주는 부정적인 느낌이 꺼려졌다. 그러나 관객들에게 좀 더 임팩트를 가하기 위해 '죽기 전에 꼭 해야 할 것들'로 부제를 정했는데 오히려 영화의 내용을 함축적으로 관객에게 전달할 수 있었다. 이 영화 개봉 후 버킷 리스트라는 용어가 회자되었고 버킷 리스트 쓰기 바람이 불었다.

일반 상품에서도 제품명은 대단히 중요하다. 다음은 잘 지은 이름으로 성공한 사례이다.

미녀는 석류를 좋아해

'미녀는 석류를 좋아해'는 이전에 출시했다가 실패한 '모메존 석류'를 재런칭한 제품으로 제목을 바꿔 성공한 케이스로 유명하다.

> 2006년 1월 상품기획 및 디자인 담당 임직원들이 신제품 이름을 짓기 위해 머리를 맞댔다. 후보는 열 가지로 이 중 '소녀, 석류를 만나다'가 가장 좋은 점수를 얻었다. 그러자 한 직원이 '좀더 친근감 있게 대화 투의 이름이 필요하지 않을까요?' 라고 제안했고 최종적으로 '미녀는 석류를 좋아해'로 합의를 봤다. 석류를 많이 먹으면 예뻐진다는 속설과 밀접한 이미지라는 것이다. 요즘 대박 났다는 '미녀는 석류를 좋아해'의 탄생과정이다.(《중앙일보》 2006년 4월 25일자 기사 중)

처음처럼

'처음처럼'이란 브랜드명은 크로스포인트의 대표 손혜원이 지었다. 손혜원은 평소에 '처음처럼'이라는 성공회대학교의 신영복 교수의 글귀가 마음에 들어 브랜드명에 써보고 싶었다고 한다. 두산에서는 '처음처럼 목 넘김이 좋다'라는 의미로 해석하여 '처음처럼'을 '그린소주'의 새로운 브랜드명으로 결정하였다. '처음처럼'이라는 브랜드명은 아무리 술을 마셔도 다음 날 '처음처럼' 깨끗할 것 같은 기분이 든다. '처음처럼'은 진로의 '참이슬'의 경쟁 상품으로 가수 이효리를 내세운 CF로 젊은 층을 성공적으로 공략했다.

> 이름은 소비자 마인드의 상품 사다리에
> 브랜드를 거는 고리와 같은 것이다.

포지셔닝 시대에 당신이 내릴 수 있는 단 하나의

가장 중요한 마케팅 결정은

바로 상품에 이름을 지어주는 일이다.

잭 트라우트, 알 리스, 《포지셔닝》

제5법칙
연결 고리를 만들어라

왜 사람들은 유명인이나 권력자와 사진 찍기를 좋아하고, 친분을 과시하길 좋아할까. 그것은 상대방에게 자신이 유명인이나 권력자와 동급임을 은근히 암시하기 때문이다. 식당에 걸린 연예인의 사진이나 사인을 보면 사람들은 '저렇게 유명한 연예인들이 와서 먹은 곳이니 당연히 맛이 있겠지'라는 생각을 한다.

영화 마케팅에서도 이런 전략을 종종 사용한다. 영화가 특별히 외적으로 내세울 것이 없는 경우 또는 광고비를 많이 써서 집행하기엔 흥행 부담이 있는 영화들은 흥행에 성공한 영화와 연결 고리를 맺는 전략을 쓴다.

〈조디악〉

영화 〈조디악〉은 1960년대 말 샌프란시스코를 배경으로 벌어진 연쇄살

인 사건을 배경으로 연쇄살인범을 쫓는 형사와 기자의 이야기이다. 이 영화는 아직도 풀리지 않은 미해결 연쇄살인 사건을 다루지만 국내에서는 전혀 인지도가 없었다. 눈을 끌 만한 스타도 없었고 당시 살인 현장만을 보여주는 황당한 포스터에 156분이라는 긴 상영 시간으로 관심을 끌기 어려울 것 같았다. 대부분 이런 영화는 상영을 포기하는 경우가 많다. 그러나 필자는 작품성 때문에 포기하기가 아까워 최소의 예산으로 영화를 개봉하기로 했다. 국내에 알려지지 않은 미국의 연쇄살인 사건을 알리기에는 한계가 있어서 이와 유사한 화성 연쇄살인 사건을 다룬 〈살인의 추억〉과 연결하기로 했다. 그리고 '미국판 살인의 추억'이라는 카피로 시종일관 관객을 공략하였는데 그 전략이 관객의 마음에 파고들어 당초 목표했던 관객의 두 배를 달성했다.

〈우리가 꿈꾸는 기적: 인빅터스〉

세계영화사에서 배우로 출발하여 감독으로 전환한 감독들은 여러 명 있지만 클린트 이스트우드처럼 흥행 배우에서 명감독으로 전환한 인물은 드물다. 1992년 〈용서받지 못한 자〉에 이어 2004년 〈밀리언달러 베이비〉로 아카데미 작품상과 감독상 등을 수상했다.

작품성과 완성도, 그리고 외국에서의 흥행 성공에도 불구하고 한국에서는 〈밀리언달러 베이비〉를 제외하고는 비평가와 소수의 팬만이 그의 영화를 반길 뿐이었다. 아시아계 소년과 한 고집불통 백인 노인의 소통을 그린 〈그랜토리노〉는 2009년 말 그해 가장 뛰어난 영화 1위로 국내 평론가들에게 뽑혔지만 국내 흥행 기록은 아주 초라했다.

〈우리가 꿈꾸는 기적: 인빅터스〉는 용서와 화해를 그린 감동 드라마다. 그러나 무거운 주제를 싫어하는 젊은 세대의 취향과 국내에서는 아주 생소한 럭비라는 스포츠를 소재로 한 영화라는 사실 때문에 개봉 여부를 심각하게 고민하다가 마케팅 비용을 최소로 하여 개봉하기로 했다. 적은 마케팅비 때문에 기존에 스포츠 영화로 흥행에 대성공한 〈우리 생애 최고의 순간〉과 〈국가대표〉와 연결 고리를 만들기로 했다. 그래서 '우생순의 감동, 국가대표의 환희'라는 캐치프레이즈로 광고했다. 마침 2010년 동계 올림픽에서 김연아, 모태범, 이상화, 이승훈 선수 등 젊은 선수들이 피겨 스케이팅과 스피드 스케이팅에서 금메달을 따면서 스포츠에 대한 국민들의 관심이 최고조에 달했다. 그 결과 〈우리가 꿈꾸는 기적: 인빅터스〉는 기존의 기대치를 뛰어넘으면서 흥행에 성공했다.

이 밖에도 SF의 영화의 경우 '〈인터스텔라〉 제작진 참여'라든지, 판타지 영화의 경우 〈해리 포터〉 또는 〈반지의 제왕〉과 연결 고리를 만들고,

코미디의 경우 흥행에 성공한 코미디 영화와 연결 고리를 만들어 마케팅 한다.

일반 상품도 신제품을 출시할 때 새롭게 포지셔닝하지 않고 기존에 나온 상품과 연결하여 론칭하는 경우가 많다. 이를 브랜드 확장이라고 한다. 대표적으로 애플의 제품을 보면 컴퓨터인 아이맥, MP3 플레이어인 아이팟, 스마트폰인 아이폰으로 확장한 사례가 있다.

제6법칙
아줌마 관객을 잡아라

지금처럼 멀티플렉스가 보편화되기 전에는 주요 개봉 극장들이 시내 중심가에 몰려 있기 때문에 주부들이 영화를 보러 시내 중심가까지 나오기가 쉽지 않았다. 그러나 멀티플렉스가 증가함에 따라 극장에 가기가 용이해지자 '아줌마 관객'이 영화 흥행에 중요한 영향을 미치는 요소가 되었다.

아줌마 관객은 일반 관객과는 다른 관람 패턴을 보인다.

첫째, 십대나 20대 관객과 달리 개봉 초기부터 적극적인 반응을 보이기보다 입소문에 움직인다. 따라서 아줌마 관객이 극장에 나오는 시기는 개봉 주말이 아니라 개봉 2주차부터다.

둘째, 일반적으로 여성 관객은 혼자 영화를 보기보다 그룹 관람 패턴을 보인다. 특히 아줌마 관객들은 같이 보는 관객의 숫자가 많다. 친구들을 만나 단체로 관람하는 패턴을 보인다.

셋째, 미혼에 비해 성적 표현에 대담해지는 기혼 여성은 장르 선호도에서 드라마 특히 야한 코드의 드라마를 좋아하는 경향이 있다.

넷째, 관람 시간대가 대개 오전에서 오후 초반이다. 아이들을 학교에 보내고 나서 돌아오기 전까지의 시간이다. 이 시간대는 일반적으로 관람객 수가 현저히 떨어지는 반면에 아줌마들이 선호하는 영화는 이 시간대에 관객 숫자가 올라가는 특이한 현상을 보인다.

다섯째, 단순히 야하기만 한 영화는 안 된다. 아줌마들은 내용 없이 야하기만 한 영화에는 별 반응을 보이지 않는다. 야하기도 하지만 어느 정도 작품성이 뒷받침되어야 한다. 야하기만 한 영화의 경우 주위 사람들의 반응을 의식하게 된다. 마치 아무도 포르노를 보았다고 당당히 이야기할 수 없는 것처럼 말이다. 최근 아줌마 관객이 늘어나자 영화계에서도 아줌마 관객을 겨냥한 기획을 하고 있다.

아줌마 관객을 동원하여 성공한 사례를 보면 다음과 같다.

〈매디슨 카운티의 다리〉

1995년 개봉한 클린트 이스트우드, 메릴 스트립 주연의 〈매디슨 카운티의 다리〉는 국내에서도 베스트셀러가 된 동명의 소설을 영화화하였다. 발길 닿는 대로 떠도는 50대의 사진작가와 무료한 삶을 살아가는 중년 여성이 만나 일상의 궤도를 벗어나 나흘 동안 열정적인 사랑을 나눈다는 이야기는 당시 중년의 여성들의 마음을 사로잡았다.

이 영화가 개봉했을 때 극장 관객의 70% 이상이 30대 후반 이후의 여성 관객이었다. 어찌 보면 남편들이 보기엔 좀 찝찝한 영화지만 권태기에 빠진 중년 여성의 판타지를 자극하기에 충분했다. 영화의 마지막 장면에서 킨케이드의 유물을 보고 눈물을 흘리는 프란체스카의 모습에 많

은 중년 여성 관객들이 눈물을 흘렸다.

〈색, 계〉

〈색, 계〉는 1930년대 2차 세계 대전 초 일본의 중국 침략을 배경으로 친일파 정보부 대장과 그에게 접근하여 그를 암살하려는 항일 단체의 조직원 왕치아즈와의 비극적인 사랑을 그린 영화로 〈와호장룡〉, 〈라이프 오브 파이〉의 이안 감독의 작품이다.

〈색, 계〉는 무려 157분으로 상영 시간이 길고, 중국의 항일 투쟁을 배경으로 했다는 점, 그리고 사건의 흐름이 지루하다는 이유로 흥행에 아주 비관적이었다. 그러나 〈색, 계〉는 충격적인 정사 장면 때문에 화제가 되었다. 중국 본토에서는 20분 삭제 후 상영되었기 때문에 열혈 관객들은 〈색, 계〉를 보려고 홍콩으로 원정까지 갔다는 언론의 보도가 있었다. 주연을 맡은 양조위와 탕웨이의 정사 장면이 화제가 되면서 중년 여성들 사이에 바람이 불었다. 정상인으로는 불가능하다는 아크로바틱한 성행위 자세가 입소문을 타고 퍼져 나갔고 특히 '숨 막히는 20분. 무삭제 개봉'이라는 자극적인 카피가 아줌마 관객에게 먹혔다. 더욱이 〈색, 계〉가 베니스 영화제 황금사자상을 받아 단순한 에로물이 아니라 작품성 있는 영화라는 언론의 홍보가 아줌마들의 관람을 자연스럽게 유도했다.

〈방자전〉

〈방자전〉은 고전 춘향전을 대담하게 비꼬아 춘향이 사랑한 것은 양반집 자제인 이몽룡이 아니라 이몽룡의 하인인 방자였다는 설정으로 관객의 호기심을 자극했다. 더구나 이몽룡은 양반집 자제답지 않게 비열하고, 춘향이는 절개를 지키는 요조숙녀가 아니라 이도령과 방자 사이에서 양다리를 걸치는 캐릭터로 등장한다. 〈방자전〉은 방자와 춘향이의 정사 장면이 대담하다는 소문이 은근히 퍼지면서 아줌마 관객 사이에 바람이 불었다. 당시 월드컵 열풍 속에서 많은 영화들이 고전을 면치 못했는데 〈방자전〉은 아줌마 관객의 도움으로 연일 관객을 불러 모아 300만의 관객을 동원했다.

〈써니〉

영화 〈써니〉는 '아줌마 버전의 〈친구〉'라는 말이 돌면서 736만을 동원해 그해 상반기 최고의 흥행작이 되었다. 〈과속 스캔들〉을 감독한 강형철

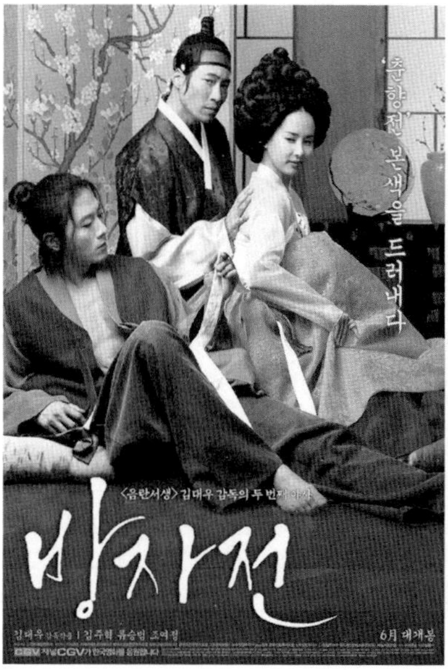

감독은 '자신의 어머니의 학창 시절은 어땠을까?' 하는 생각에서 〈써니〉를 만들었다고 했다. 처음 〈써니〉에 대한 영화계의 기대치는 그다지 높지 않았다. 흘러간 여고 시절의 이야기에 스타급 배우도 없고 내용 자체가 그다지 자극적이지 않았기 때문이다. 감독은 이 영화를 '90년대 학번 아줌마들'을 타깃으로 만들었다고 한다. 영화가 재미있다는 소문이 나면서 〈써니〉는 무려 3개월 동안 장기 상영되며 700만 관객을 돌파하여 아줌마의 힘을 보여주었다. 재미있는 사실은 여고 시절 모범생이었던 중년 여성들은 영화에 별로 공감하지 않았다고 한다.

〈관능의 법칙〉

영화 〈관능의 법칙〉은 노골적으로 30~40대 아줌마들을 겨냥한 영화이다. 40대 세 명의 여자 친구들의 이야기로 남편밖에 모르는 주부 미연, 같은 나이의 회사 동기에게 차이고 나이 어린 PD와 연애하는 방송사 부장 신혜, 그리고 결혼을 앞둔 딸을 둔 이혼녀 해영의 거침없는 연애와 섹스를 담고 있다. '우리가 우아한 맛은 있지', '맞아 우린 농염해'라는 헤드카피가 성적인 코드를 담고 있다. '우아한 멋'이 아니라 '우아한 맛'에서 묘한 상상을 자극한다. 내숭 피우기보다는 적극적인 나이로 묘사된 40대 여성의 대담한 대사는 아줌마들의 가슴을 시원하게 해준다. 단 같이 보는 아저씨들은 마음이 좀 불안할 뿐이다.

제7법칙
유치할수록 좋다

어느 날 고등학생 아들이 TV를 보면서 웃다가 뒤집어지는 것을 보았다. 뭔가 하고 보았더니 〈무한도전〉이라는 프로에서 유재석을 포함한 6명이 목욕탕 물 퍼내기 시합을 하고 있었다. '왜 저게 웃길까, 쟤네들 바보 아냐?' 이런 생각이 들어서 '저게 무슨 무한 도전이야' 했더니 아들은 '무모한 도전'을 줄여 '무한 도전'이라고 한다고 했다. 내게는 저건 '무모한 도전'이 아니라 '바보들의 도전'으로 보였다. 내 생각이 어떻든 〈무한도전〉은 예능 프로그램에서 최고 인기 프로 중 하나이다.

왜 사람들은 〈무한도전〉을 좋아할까. 왜 사람들은 코미디에서 바보 캐릭터를 좋아할까. 그건 만만해 보이기 때문이 아닌가 한다. 만만해 보이기 때문에 오히려 마음이 편해진다. 치열한 경쟁 속에서 서로 똑똑함을 자랑해야 하는 우리는 항상 피곤하다. 그런데 자기보다 못해 보이는 개그맨이 나와서 바보 같은 연기를 하면 마음이 편해지고 웃음이 나온다.

광고가 항상 세련되고 폼 나야 한다고 착각하는 사람들이 종종 있다. 그런 사람들에게 '좋은 광고는 금전등록기의 벨을 자주 울리게 하는 것이다'라는 말을 해주고 싶다. 아무리 예술성이 뛰어나 소위 광고계의 아카데미상이라 할 수 있는 칸 국제 광고제에서 그랑프리를 받았다 하더라도 상품의 매출에 기여하지 못하면 아무 의미가 없다. 광고계에는 '너 예술 하냐'라는 말이 있다. 이 말은 광고가 매출에 기여하지 못하고 세련미만 따질 때 질책하는 말이다.

때론 광고가 유치할수록 더 먹히는 경우가 있다. 대표적인 광고가 제약 광고이다. 제약 광고를 다른 상품 광고와 비교했을 때 상당히 유치하다. 파스형 진통 소염제 '케토톱', 잇몸 치료제 '이가탄' 등을 보면 알 수 있다. 롯데 그룹의 창업주인 신격호 회장은 광고에 관심이 많기로 유명한데 어느 날 광고 책임자를 불러 진통제 '게보린' 광고를 보여주면서 '이게 진짜 광고다'라고 했다고 한다. '맞다, 게보린!'이란 카피의 광고는 전문 광고인의 눈에는 유치해 보일 수 있지만 두통 때문에 고생하는 사람들에게 '맞다, 게보린'이란 말로 쉽게 각인이 되었다. 싸이의 '강남스타일' 역시 유치함의 B급 정서를 가감 없이 드러내서 전 세계적인 히트를 했다. 광고가 꼭 멋있어야 하는 건 아니다.

영화 광고도 반드시 멋있고 예술적일 필요는 없다. 오히려 유치해서 관객의 주목을 받은 영화들도 있다.

〈투사부일체〉

조폭의 2인자가 고등학교에 다니면서 벌어지는 이야기를 코믹하게 그린 영화 〈투사부일체〉는 코미디지만 사립 고등학교의 비리를 고발했다

는 점에서 사회성을 띠고 있어 400만 이상의 관객을 동원했다. 속편 〈투사부일체〉에서는 고등학교를 졸업한 두식이 교생이 되고 조직의 보스가 고등학교에 다니는 이야기다.

이 영화는 시작부터 '좀 유치하더라도 웃겨보렵니다'하고 노골적으로 마케팅했다. 광고 카피를 보면,

당분간 이런 코미디는 없다!

우리를 기다리는 저들을 보라

어서 가서 웃.기.자.

무엇을 상상하든 더 웃긴 것을 보게 될 것이다!

티저 포스터는 〈매트릭스 2〉의 비주얼과 전설적인 카피 '무엇을 상상하든 그 이상을 보게 될 것이다'를 패러디했다. 세련미를 중시하는 영화 광고에서 〈투사부일체〉 광고는 '그래, 나 쌈마이다. 어쩔래?' 하는 식으로 노골적인 유치함을 드러내면서 오히려 관객의 관심을 끌었다.

〈마파도〉

꽃다운 여배우 한 명 출연하지 않고 오로지 할머니 5명이 주연인 영화. 당시 영화계에서는 기획 의도에 대한 의구심과 함께 투자자들 사이에서는 손해 보겠다며 말이 많았다. 극장을 잡기도 힘들어서 가장 비수기인 3월 초에 개봉했다. 그러나 통념상 도저히 흥행할 수 없는 영화가 흥행 대박이 났다.

로또 당첨금을 들고 잠적한 여자를 잡기 위해 모범 건달과 비리 형사가 낚시꾼으로 위장, 잠복해 들어간 섬 마파도. 5명의 노파들이 사는 이상한 섬 마파도에서 건달과 비리 형사는 뜻밖의 강적을 만났으니 바로 20년간 남자 구경 못해 본 엽기적인 다섯 할매들이다. 할머니들의 걸쭉한 입담과 좌충우돌 코미디, 가슴 찡한 결말로 영화는 입소문을 타고 흥행에 성공해서 그해에 가장 성공한 코미디 영화로 꼽혔다. 그 결과 〈마파도 2〉를 제작하게 되었다.

영화 포스터는 촌스럽기 짝이 없다. 추리닝 입은 다섯 할매가 낫을 들고 살벌한 표정을 짓고 있는데 뭔가 유치해서 70년대 영화 포스터를 보는 것 같다. 그리고 카피도 직설적이다.

조폭보다 무섭다! 다섯 할매 VS 왕년에 좀 놀았다! 서울촌놈

말보다 주먹! 시키는 대로만 하면 별일은 없을 꺼구만

〈행오버 2〉

〈행오버〉는 총각 파티를 위해 라스베이거스에 갔다가 술을 너무 많이 먹어 필름이 끊어진 세 명의 친구가 전날 밤에 있었던 사건을 추적해 나가는 코미디로 남자라면 한 번쯤 비슷한 경험을 해보았을 소재를 영화화했다. 화장실 유머, 성기 노출, 말도 안 되는 상황 등 다소 거부감을 주는 영화이지만 미국 내에서는 1억 불을 넘는 박스오피스를 기록하면서 19금 코미디로는 대성공한 영화이다.

속편 〈행오버 2〉에서 친구의 결혼을 위해 태국에 간 그들이 라스베이거스의 악몽을 되풀이하지 않기 위해 조심하지만 '딱 한 잔만'이라는 유

〈행오버 2〉

혹에 빠져 다시 필름이 끊기는 상황이 발생한다. 사라진 신부 동생과 그의 잘라진 손가락 하나, 의문의 원숭이, 결혼할 신랑 얼굴에 새겨진 문신 등 전편보다 더 진해진 화장실 유머로 돌아왔다. 영화 포스터를 보면 전날 밤 진탕 마신 술로 인해 숙취에 시달리는 얼굴과 의문의 원숭이가 있다. '할리우드를 취하게 한 진상 코미디'라는 태그 카피로 영화의 장르를 설명하고 있다.

일반 제품에서도 유치하지만 소비자의 마음을 공략해 캠페인에 성공한 사례가 많다.

게보린

게보린은 국내 제약 회사인 삼진제약이 만든 해열 진통제로 두통약 시장을 지배해 온 타이레놀에 맞서기 위해 만든 약이다. '한국인의 두통약'이라는 캐치프레이즈를 건 게보린은 강력하고 빠른 진통 효과와 소비자에게 친숙한 제품 이미지로 1979년 첫 출시 이후 시장의 확고한 리딩 브랜드로 자리 잡고 있는 제품이다. '맞다, 게보린!' 이란 카피를 탄생시킨 첫 TV 광고는 출연자들이 고통스런 표정을 짓다 '맞다, 게보린!'이란 말을 반복하는데 매우 유치해 보인다. 그러나 이 카피는 제품명을 소비자의 뇌리에 효과적으로 각인시키고 약효에 관한 신뢰 역시 강화시킨다고 평가 받았다. 출시 이후 지속적인 마케팅 정책과 효과적이고 친숙한 이미지의 광고를 통해 게보린은 명실상부한 '한국인의 두통약'으로 자리 잡았다.

천호식품 산수유 1000 프리미엄

"산수유, 남자한테 참 좋은데…. 남자한테 정말 좋은데…. 어떻게 표현할 방법이 없네. 직접 말하기도 그렇고." 한 건강식품 회사 회장님의 어눌한 한탄이 장안에 화제가 된 적이 있다. 의약품이 아닌 건강식품은 제품의 효능을 직접적으로 광고할 수 없다. 이런 제한을 극복하기 위해 자사 제품이 얼마나 우수한지를 은근한 화법으로 전달하는 이 광고 카피는 드라마, 코미디, 스포츠 프로그램 등 대중문화의 다양한 영역으로 순식간에 퍼졌다. 네티즌들도 김 회장의 말투를 흉내 내는 UCC를 만들어 인터넷에 올렸다. 김 회장의 어눌하고 유치한 광고는 회사 인지도 상승과 150%라는 엄청난 매출 증가를 가져왔다.

이 밖에도 배우 최주봉 씨가 싸구려 밴드 복장을 하고 나와 노래하는 숙취 해소제 '여명 808' CF는 이른바 키치 문화(조악함이나 저급함을 즐기는 문화적 경향)의 상징으로 여러 번 패러디됐다. 또한 최근 이승기, 이서진을 써서 찍은 소셜 커머스의 '위메프' 광고는 70년대의 취권과 이소룡 이미지를 차용하여 의도적으로 유치함을 드러냈다.

제8법칙
트렌드를 읽어라

요즘 흔히 쓰는 경제 용어 중 마케팅이란 말만큼 많이 쓰이는 용어가 트렌드이다. 한국말로 번역하면 추세 혹은 흐름이라고 할 수 있다. 트렌드라는 단어의 뜻은 논리적, 추세적으로 가까운 시일에 나타날 것이 유력한 사회현상을 의미하며 매년 각 경제연구소에서는 그해, 또는 향후 2~3년의 미래를 예측한 트렌드 보고서를 발표한다.

사회학자들은 사회현상을 STEEP이라는 카테고리를 가지고 파악한다. STEEP는 Society(사회), Technology(기술), Economy(경제), Ecology(생태), Politics(정치)의 앞 글자를 모아 합성한 단어이다.

우리 사회에는 매일 벌어지는 단편적인 사건들이 있다. 이러한 단편적인 사건이 모여 일정한 흐름을 유지하면 유행이 된다. 예를 들어 TV 드라마에 출연한 유명 여자 탤런트가 핑크빛 립스틱을 바른 것(사건)을 보고 많은 사람들이 따라하면 유행이 된다.

유행은 STEEP 카테고리 중 한 가지에 해당하며 생성 후 1년 안에 소멸한다. 어느 특정 노래나 패션이 유행한다 하더라도 6개월에서 1년을 넘지 못한다. 커뮤니케이션 과잉의 시대에 유행의 기간은 점점 짧아지고 있다. 그만큼 유행의 확산 속도도 빠르고 소멸하는 속도도 빠르다.

유행이 1년 이내의 기간과 하나의 카테고리에 머무는데 반해서 트렌드는 유행이 1년 이상 지속되면서 STEEP의 카테고리 중에 2~3개의 부문으로 확장하는 사회현상이다. 예를 들면 '요즘 젊은 층 사이에 막걸리가 인기다'라고 할 때 이 인기가 1년 이내에 소멸하면 유행으로 그친다. 그러나 이것이 웰빙과 결합하여 사회, 경제 등으로 확산되면서 1년 이상 유지되면 트렌드라 할 수 있다. 또 다른 예로 외국에서 한국 문화에 대한 선호가 1년 이상 지속되면서 사회, 경제, 정치 등에 영향을 미친다면 한류라는 트렌드가 형성되는 것이다. 트렌드가 10년 이상 유지되면서 거대한 시대적인 조류를 형성하면 메가 트렌드라고 분류한다. 온난화, 선진국에서의 고령화, 세계 경제에서의 중국을 비롯한 아시아의 부상, 여성화, 후기 정보화 시대의 진입 등은 전 세계를 움직이는 메가 트렌드라 할 수 있다.

트렌드는 사회 변화의 거대한 흐름이기 때문에 이를 미리 포착해서 대응하면 성공하지만 흐름을 파악하지 못하면 시대에 낙오하여 실패할 수밖에 없다. 예를 들어 웰빙이 사회적 트렌드가 되자 설탕, 인공 조미료 등을 많이 쓴 제품이나 콜라와 같은 탄산음료, 패스트푸드는 매출이 줄어들었다. 이런 트렌드를 미리 파악하지 못하고 기존의 방식을 고집하면 곤란한 지경에 빠진다.

영화에서도 이러한 트렌드를 잘 파악해서 성공한 영화가 있는가 하면,

미처 파악하지 못하거나 트렌드의 변화로 인해 실패한 영화도 있다.

〈접속〉

영화 〈접속〉은 인터넷이라는 사이버 공간을 통해서 만난 남녀의 사랑을 그린 드라마이다. 1990년대 후반 우리 사회는 천리안, 나우누리, 유니텔 등 전화선 모뎀을 기반으로 한 PC통신이 젊은 층 사이에 선풍적인 인기를 끌었다. 지금의 인터넷에 비교하면 속도나 동영상 지원 면에서 격세지감이 들지만 당시엔 PC통신을 중심으로 한 많은 동우회들이 우후죽순 격으로 생겨났다. 그때의 열기는 현재의 SNS인 싸이월드, 페이스북, 트위터와 같다고 할 수 있으며 당시 PC통신 모임은 새로운 사회 풍습을 만들었다.

영화 〈접속〉은 이러한 PC통신으로 만나서 서로의 상처를 치유하는 남

녀 이야기로 당시 젊은이들에게 열광적인 지지를 받았다. 이 영화로 전도연은 대종상 신인여우상을 받았고 이 영화의 삽입곡인 사라 본의 '어 러버스 콘체르토 A Lover's Concerto'는 한국인이 가장 좋아하는 팝송 중 하나가 되었다. 〈접속〉은 젊은 영화 기획자였던 심재명 씨가 당시의 트렌드를 읽고 기획하여 성공한 사례이다.

〈유브 갓 메일〉

톰 행크스와 멕 라이언이 주연한 〈유브 갓 메일〉 역시 PC통신을 통해 만난 남녀의 사랑을 그린 로맨틱 드라마이다. 공교롭게도 〈유브 갓 메일〉은 국내에서 〈접속〉이 개봉한 지 1년 후 개봉하여 혹 〈접속〉 시나리오가 할리우드로 흘러들어가지 않았나 하는 소문도 돌았다.

〈접속〉과 〈유브 갓 메일〉은 온라인 커뮤니케이션이라는 기술적 변화

의 트렌드를 정확히 읽어내 성공한 사례라 할 수 있다. 향후 소셜 네트워크를 활용하여 기획한 영화가 나올 수도 있겠다.

남북문제의 트렌드

분단국가인 우리나라에서 남북문제는 사회, 경제, 정치, 문화 등 모든 영역에 영향을 미치는 중요한 변수이다. 오랜 남과 북의 대치 상태는 문민정부가 출범하면서 남북 관계에 조금씩 햇살이 비추기 시작했다. 이런 분위기를 타고 〈쉬리〉(1998)가 제작됐다. 〈쉬리〉는 한국영화 최초로 할리우드의 블록버스터 공식을 도입하여 대규모 제작비가 투입된 이전과는 다른 스케일을 가진 영화이다. 그러나 무엇보다도 남북문제에 대한 새로운 시각으로 분단 현실의 비극을 조명하였기에 흥행에 성공할 수 있었다.

그 후 2000년 개봉된 〈공동경비구역 JSA〉는 〈쉬리〉에서 진일보하여 어느 쪽이 선이고, 어느 쪽이 악인가 하는 이분법적인 시각에서 벗어나 균형적인 시각과 남북 분단의 비극을 객관적으로 그려냈다. 2005년 개봉한 〈웰컴 투 동막골〉은 6.25 당시 동막골이라는 오지 마을에서 조우한 국군과 인민군을 통해 남북 분단의 비극을 넘어 적극적인 화해를 모색한다. 〈쉬리〉, 〈공동경비구역 JSA〉, 〈웰컴 투 동막골〉은 남북 화해 무드를 타고 흥행에 성공한 케이스다.

그러나 이명박 정부가 들어서자 남북문제가 화해와 공존의 장에서 대결 구조로 전환되었다. 금강산 관광객 피살 사건과 천안함 사건으로 남북관계는 급속히 냉각되었다. 이런 상황에서 2010년 6월, 화해보다는 대결 구조의 줄거리를 가진 〈포화 속으로〉가 개봉하여 월드컵의 열

쉬리
SWIRI

여덟발의 총성! 진실은 그곳에 있다
미스터리 휴먼 블록버스터 · 2000년 최고의 프로젝트
공동경비구역 JSA
JOINT SECURITY AREA
송강호 이병헌 이영애 김태우 신하균 - 감독 박찬욱 - 제작 명필름
www.myungfilm.co.kr - www.cyberjsa.com - chollian: go cyberjsa

웰컴 투 동막골
Welcome to Dongmakgol
1950년, 지금은 전쟁중..?

기 속에서도 흥행에 성공하였다. 남북 대치를 그린 〈연평해전〉 역시 처음 기획 단계에서는 '시대 착오적인 기획'이라는 비판과 함께 제작비 조달조차 여의치 않아 소셜펀딩을 통해 일반인에게서 제작비를 조달했다. 그러나 600만 명의 관객을 동원하며 대성공을 거두었다. 〈포화 속으로〉, 〈연평해전〉은 기존의 〈공동경비구역 JSA〉, 〈웰컴 투 동막골〉과는 다른 시각에서 남북 관계를 조망했다.

트렌드 공략에 실패한 사례

남북 관계의 트렌드를 잘 파악하여 흥행에 성공한 케이스도 있지만 트렌드를 읽지 못해 흥행에 실패한 케이스도 있다.

〈꿈은 이루어진다〉, 〈코리아〉

보수 정권이냐, 진보 정권이냐에 따라서 남북문제의 트렌드가 바뀐다. 2010년 5월에 개봉한 〈꿈은 이루어진다〉는 남북한 군인이 축구로 인해 하나가 된다는 이야기로 당시 남아공 월드컵을 겨냥해 만든 영화이다. 그러나 천안함 사건으로 인해 남북 관계가 급속히 경색됨에 따라 흥행에 실패하였다.

〈코리아〉는 1991년 41회 세계선수권대회에서 사상 최초로 결성되었던 남북 단일팀의 실화를 바탕으로 한 영화이다. 남북이 최초로 탁구 단일팀을 만들어 세계 최강의 중국을 꺾고 금메달을 차지하는 감동적인 영화였다. 당시 배급사는 천만 관객을 예상했지만 흥행 결과는 187만 명에 그쳤다. 연평도 포격 사건으로 남북 관계가 최악의 상황에 빠졌기 때문에 남북 화합을 이야기하는 〈코리아〉가 설 자리가 없어진 것이다.

일반 기업에서도 트렌드를 제대로 읽지 못해 기업이 파산하거나 위기에 처한 사례가 많다.

코닥

코닥은 카메라용 필름의 대명사였다. 카메라 필름이 필요 없는 디지털 카메라가 출현했을 때 미국 필름 시장의 80%를 차지한 코닥은 변화를 거부하고 기존의 필름 사업을 고집했다. 그러나 디지털 사진 시대의 도래라는 거대한 트렌드를 애써 무시하다가 파산 선고를 하기에 이르렀다. 디지털 기술에 관한 특허를 가장 많이 보유했던 코닥은 디지털 사진이라는 트렌드를 더 적극적으로 포용해 사진용 필름 회사에서 디지털 사진 회사로 변신해야 했다.

제너럴 모터스, 포드, 크라이슬러

소위 'BIG 3'라 불리는 미국의 제너럴 모터스, 포드, 크라이슬러는 한때 전 세계 자동차 시장을 주도했다. 그들은 경제적 호황과 값싼 원유 가격 등에 힘입어 '클수록 좋다(The Bigger, The Better)'라는 환상에 빠져 연비 효율성이 낮은 대형차 생산에 집중했다. 그러나 고유가와 경제 침체, 그리고 지구온난화의 환경문제가 불어닥치자 비효율적인 대형차는 경쟁력을 급속히 상실했다. 시대의 흐름을 간파한 유럽과 일본의 자동차들이 중소형, 고연비, 친환경 차량으로 세계시장을 석권했다. 그리고 'BIG 3'는 2008년 금융 위기로 도산 위기까지 갔다가 정부의 도움으로 간신히 회생했다. 시대의 흐름과 트렌드를 무시한 'BIG 3'의 결과는 환경의 변화에 적응하지 못한 쥐라기의 공룡에 비유할 수 있다.

제9법칙
타이밍을 잘 잡아라

앞서 언급한 바와 같이 영화라는 상품의 라이프 사이클은 일반 상품에 비해 지극히 짧다. 따라서 개봉 전 마케팅이 실패했을 경우에는 마케팅 전략을 수정해 다시 회복할 시간적 여유가 전혀 없다. 어찌 보면 영화는 '단칼 승부'의 경쟁이다. 또한 태권도나 복싱 같은 스포츠와 달리 같은 체급하고만 경쟁할 수도 없다. 블록버스터급 영화와 독립 영화가 같은 시장에서 경쟁하는 치열한 시장이다. 따라서 영화의 개봉 시기에 따라 영화의 흥행이 결정되기 때문에 개봉일 결정은 영화 마케팅에서 대단히 중요하다. 예를 들어 절대적으로 흥행성이 있는 블록버스터 무비는 특별히 경쟁 관계를 고려하지 않아도 된다. 그러나 대부분의 영화는 개봉일 결정에 신중을 기해야 한다. 같은 개봉일에 더 강한 영화를 만난다면 흥행을 보장할 수 없기 때문이다. 헤비급 선수와 경량급 선수가 같은 무대에서 싸운다면 그 결과는 뻔하지 않겠는가.

2013년 12월 개봉한 공유 주연의 〈용의자〉는 90억 원의 제작비와 화끈한 액션으로 포장된 블록버스터급 영화로 기대를 모았다. 그러나 한 주 전에 개봉한 송강호 주연의 〈변호인〉이 흥행에 대성공하면서 개봉 첫 주말에 흥행 1위에 오르지 못했다. 〈변호인〉은 노무현 대통령을 모델로 한 영화로 개봉 전부터 정치적 이슈를 띠고 있었다. 이런 상황을 고려해 볼 때 〈용의자〉는 개봉 시기를 더 늦춰야 했다.

반대로 개봉일을 잘 잡아서 흥행에 성공한 사례도 있다. 영화 〈숨바꼭질〉은 특별한 스타 배우가 출연하는 영화가 아니다. '우리 집에 낯선 사람이 숨어 살고 있다면….'이라는 도시 괴담을 소재로 삼아 여름 시즌의 블록버스터 무비였던 〈퍼시픽 림〉, 〈미스터 고〉, 〈더 테러 라이브〉, 〈설국열차〉 등과의 경쟁을 피해 여름 시즌 막판인 8월 중순에 개봉했다. 〈숨

바꼭질〉은 특별한 경쟁작이 없는 상황에서 흥행몰이에 성공해 한국 스릴러 무비 사상 최고의 관객 동원에 성공했다.

이선균, 최강희 주연의 로맨틱 코미디 영화 〈쩨쩨한 로맨스〉도 개봉일을 잘 잡아 성공한 사례이다. 전례를 살펴보면 12월은 로맨틱 코미디가 강세인 시기이다. 연말과 크리스마스의 들뜬 분위기로 인해 데이트 족의 영화 관람이 가장 많아지기 때문이다. 12월 흥행에 성공한 로맨틱 코미디의 대표적인 영화는 〈러브 액츄얼리〉와 〈로맨틱 홀리데이〉, 〈어바웃 타임〉 등이 있다. 〈쩨쩨한 로맨스〉는 당시 임수정, 공유 주연의 같은 장르인 〈김종욱 찾기〉와 경쟁하고 있었다. 외적으로는 배우의 인기도나 원작의 인지도를 감안하면 〈김종욱 찾기〉가 더 우세하였다. 그런 열세를 인지한 배급사는 〈쩨쩨한 로맨스〉를 〈김종욱 찾기〉보다 한 주 전에 개봉함으로써 관객을 선점했다. 관객이 같은 장르의 영화를 일주일 간격으로 선택하기엔 무리가 있다. 결국 〈쩨쩨한 로맨스〉는 208만의 관객을 동원했으며 〈김종욱 찾기〉는 113만의 관객 동원에 그쳤다.

경쟁작 이외에 대규모 스포츠 행사도 흥행에 영향을 미친다. 2010년 6월에 남아공 월드컵이 열리자 사람들의 관심은 월드컵에 쏠렸고 한국팀이 16강에 진출하자 열기는 더해졌다. 당시 극장에서는 영화 상영 대신에 한국팀 경기를 위성중계 하였다. 남아공 월드컵 개막 주일에 개봉한 영화 〈A특공대〉는 월드컵 열기의 희생자였다. 10대와 20대 남성 관객을 타깃으로 한 액션 영화 〈A특공대〉는 월드컵으로 인해 타깃 관객의 주목을 받지 못해 79만의 관객에 그쳤다.

영화 마케팅에서 가장 중요한 것 하나를 꼽으라면 단연코 개봉일 결정이다. 개봉일을 결정하기 위해서는 경쟁 관계뿐만 아니라 계절적 요인, 스포츠 이벤트, 사회적 분위기 등 여러 요소를 고려해서 결정해야 한다.

제10법칙
일점 집중하라

전쟁의 전략을 보면 '병력과 자원을 분산하지 말고 한 곳으로 최대한 집중하라'는 것이 있다. 시장을 전장으로 비유한다면 마케팅 전략은 승리를 위한 전략이라 할 수 있다. 마케팅 전략에는 적을 분석하고(경쟁사 분석), 자신의 장단점을 분석하며(SWOT 분석), 지원 가능한 병력과 자원을 확보하고(마케팅 비용 확보), 최종적으로 주요 공격 전략(핵심 마케팅 전략 수립)을 짜내는 것이 포함된다.

마케팅 전략을 짤 때 가장 중요한 것은 두 가지 요소이다. 첫째, 영화의 셀링 포인트를 어떻게 관객에게 효과적으로 전달하여 관객으로 하여금 자신의 영화를 선택하게 할 것인가, 둘째, 이를 달성하기 위해 사용할 수 있는 재원(마케팅 비용)을 어떻게 효과적으로 쓸 것인가이다.

우선 영화의 셀링 포인트의 선택과 집중이다. 영화를 마케팅하다 보면 셀링 포인트가 없는 것도 문제지만(이 경우 개봉을 하지 않을 확률이 높

음) 지나치게 많은 것도 문제다. 오래전에 유명한 광고사 대표는 새로 론칭할 신상품의 마케팅 전략을 프레젠테이션하기 위해 고객과의 미팅을 할 때 여러 개의 공을 가지고 갔다고 한다. 그는 고객과의 회의에서 고객이 자신의 신상품이 가진 여러 장점을 다 노출해주기를 바랄 때마다 가지고 간 여러 개의 공을 한꺼번에 고객에게 던져 주었다. 여러 개의 공을 한 번에 다 받지 못한 고객에게 '소비자에게 여러 개의 장점을 다 보이려 하는 것은 마치 지금 제가 여러 개의 공을 한꺼번에 던진 것과 마찬가지이다'라고 했다. 소비자는 여러 개의 메시지를 동시에 받아들이지 못하기 때문에 가장 효과적인 메시지 하나만을 집중적으로 전달하는 것이 효과적이다. 영화에서도 주연배우, 줄거리, 특수 효과, 해외 영화제 수상 등 많은 셀링 포인트가 있을 수 있다. 이럴 때 여러 셀링 포인트를 다 한 번에 전달하려 하지 말고 관객에게 어필할 수 있는 가장 효과적인 셀링 포인트에 집중해야 한다. 오래전 〈매트릭스〉가 개봉할 때 여러 장점 중에 특수 효과 부분을 집중적으로 보여주었다. 영화 속에서 트리니티가 공중 부양했을 때 카메라가 360도 회전하는 장면과 네오가 총알을 피하는 장면을 집중적으로 노출했다. 관객들은 전에 보지 못했던 영화 기술에 환호했다. 영화 〈숨바꼭질〉의 경우 '우리 집에 낯선 사람이 숨어 산다면….' 이라는 도시 괴담을 최대한 활용했다.

두 번째로 자원의 집중이다. 마케팅 비용이 제한된 영화는 마케팅 비용을 여러 매체에 쪼개서 힘을 분산하기보다는 가장 효과적이라고 판단되는 매체에 집중하는 것이 바람직하다. 공중파에 광고할 수 없을 경우 케이블 광고를 하되 타깃 관객이 시청하는 채널에 집중하거나 유튜브 또는 곰TV와 같은 인터넷의 동영상 사이트를 활용하는 방법도 있다. 극히 제한된 예산만을 집행해야 하는 독립 영화는 온라인과 SNS, 모바일을 적극적으로 활용한다. 애니메이션은 아동들을 타깃으로 아동들에게 인기 있는 연예인을 활용한 더빙과 애니메이션 채널 광고에 집중한다.

선택과 집중으로 흥행에 성공한 사례는 영화 〈버킷 리스트: 죽기 전에 꼭 하고 싶은 것들〉이다. 〈버킷 리스트: 죽기 전에 꼭 하고 싶은 것들〉는 개봉 당시 무가지에 시리즈 돌출 광고를 게재했는데 시리즈 광고는 이 영화의 메시지를 효과적으로 전달하는 방법이었다. 산드라 블록 주연의 〈블라인드 사이드〉는 국내에서 흥행이 어렵다는 미식축구 영화지만 시사회를 통한 입소문 전략으로 성공했다. 또한 인기 없는 제3세계 인도영화인 〈블랙〉 역시 시사회만 집중하여 흥행에 성공했다.

미국에서는 평균 2,500~3,000만 불을 마케팅에 투자한다. 이 비용은 주로 TV 광고에 사용되는데 대학생 난장판 파티 문화를 그린 영화 〈프로젝트X〉(국내 미개봉)는 철저하게 SNS와 온라인 마케팅만으로 5,400만 불을 벌어 흥행에 성공했다.

참고 문헌

김근배,《끌리는 컨셉의 법칙: 세계적 히트상품 속 정교한 컨셉의 비밀 17》, 중앙북스, 2014.
댄 히스, 칩 히스,《스틱: 뇌리에 착 달라붙는 메시지의 힘》, 박슬라, 안진환 옮김, 웅진윙스, 2007.
데이비드 A. 프라이스,《픽사 이야기: 시대를 뒤흔든 창조산업의 산실, 픽사의 끝없는 도전과 성공》, 이경식 옮김, 흐름출판, 2010.
로버트 매리치,《영화 마케팅 바이블: 할리우드가 당신을 붙잡는 법》, 김상훈, 안성아 옮김, 북코리아, 2009.
말콤 글래드웰,《블링크: 첫 2초의 힘》, 이무열 옮김, 황상민 감수, 공병호 해제, 21세기북스, 2005.
문영미,《디퍼런트: 넘버원을 넘어 온리원으로》, 박세연 옮김, 살림Biz, 2011.
세스 고딘,《보라빛 소가 온다》, 남수영, 이주형 옮김, 재인, 2004.
영화진흥위원회 정책연구부, "2014 한국 영화산업 결산", 2015.
이명천, 김요한,《문화콘텐츠 마케팅》, 커뮤니케이션북스, 2006.
애니타 엘버스,《블록버스터 법칙: 슈퍼스타 탄생과 엔터테인먼트 산업의 성공비결》, 이종인 옮김, 세종서적, 2014.
잭 트라우트, 알 리스,《포지셔닝》, 안진환 옮김, 을유문화사, 2002.
잭 트라우트, 알 리스,《마케팅전쟁》, 안진환 옮김, 비즈니스북스, 2006.
제임스 하킨,《니치: 왜 사람들은 더 이상 주류를 좋아하지 않는가》, 고동홍 옮김, 더숲, 2012.
최건용,《한국 영화 산업: 비즈니스로 보는》, 형설출판사, 2011.
탁정언,《죽이는 한마디: 시장이 거부할 수 없는 컨셉 카피의 8가지 원리》, 위즈덤하우스, 2009.
피터슈워츠,《미래를 읽는 기술》, 박슬라 옮김, 모니터 그룹 코리아 감수, 비즈니스북스, 2004.
필립 코틀러, 게리 암스트롱,《KOTLER의 마케팅 입문》, 안광호 옮김, 피어슨에듀케이션코리아, 2008.
홍성태,《모든 비즈니스는 브랜딩이다》, 쌤앤파커스, 2012.

관련 사이트

영화진흥위원회 www.kofic.or.kr

영화진흥위원회 통합전산망 www.kobis.or.kr

영상물등급위원회 www.kmrb.or.kr

찾아보기

ㅈ

ALL ABOUT
MOVIE
MARKETING

한순호

영화 마케팅 전문가. 어릴 적 어머니의 손에 이끌려 처음 극장에 간 것을 계기로 영화에 매료되었고, 그 후 '할리우드 키드'가 되어 학창시절을 보냈다. 연세대학교 법학과를 졸업한 후 1984년 SKC에 입사, 해외 메이저 영화사의 비디오를 국내에 수입 · 출시하는 일을 했다. 1992년 워너브라더스 한국지사의 마케팅 책임자가 되어 20여 년 동안 250편이 넘는 영화의 마케팅을 했다. 맡은 대표적인 영화로는 〈보디가드〉, 〈사랑할 때 버려야 할 아까운 것들〉, 〈컨저링〉, 〈인셉션〉 등이 있고, 시리즈로는 〈매트릭스〉, 〈해리 포터〉, 〈300〉, 〈다크 나이트〉 등이 있다.

현재 중앙대학교 예술대학원에서 석사를 마치고 건국대학교 문화콘텐츠학과 대학원에서 박사과정을 밟고 있으며, 중앙대학교 예술대학원에 출강하는 한편 영상물 등급위원회 심의위원을 맡고 있다. 문화콘텐츠 마케팅 전문가를 양성하는 '문화콘텐츠 마케팅 아카데미'를 설립하여 후배 마케터 양성에도 힘쓰고 있다.